Top im Gesundheitsjob

Jörg Schmal

Ausgeschlafen? – Gesund bleiben im Schichtdienst für Gesundheitsberufe

Mit 5 Abbildungen

Jörg Schmal
Waldburg

ISBN 978-3-662-46985-9 ISBN 978-3-662-46986-6 (eBook)
DOI 10.1007/978-3-662-46986-6

Die Deutsche Nationalbibliothek verzeichnet diese Publikation in der Deutschen Nationalbibliografie; detaillierte bibliografische Daten sind im Internet über http://dnb.d-nb.de abrufbar.

Cartoons: Claudia Styrsky, München
Umschlaggestaltung: deblik Berlin
Fotonachweis Umschlag: Alarm Clock © AKAVCI / iStock / Thinkstock

Gedruckt auf säurefreiem und chlorfrei gebleichtem Papier

Springer-Verlag ist Teil der Fachverlagsgruppe Springer Science+Business Media
www.springer.com

Vorwort

Die Gesundheit in der Pflege stärken.

Die Arbeit im Schicht- und Nachtdienst ist gesundheitlich belastend. Dieser Fakt lässt sich nicht weg reden. Umso wichtiger ist es daher, die gesundheitlichen Belastungen abzubremsen. Hier steht die Information am Anfang. Wer um die gesundheitlichen Belastungen weiß, kann besser entgegensteuern. Wer sich selbst im Angesicht des Schichtdiensts besser kennenlernt, kann individuelle Strategien zur Erhaltung der Gesundheit ergreifen. Wer einen Pool an gesundheitsfördernden Maßnahmen kennt, kann diese gezielt auswählen.

Viele Pflegende sehen sich mit der Tatsache und den damit einhergehenden Schwierigkeiten konfrontiert ihren Beruf bis zur Rente auszuüben. Sie benötigen Tipps, um auch im höheren Alter gesund in der Pflege zu bleiben.

Berufsanfänger hingegen benötigen Informationen, Beratung und Unterstützungsangebote um direkt von Anfang an mit dem gesundheitsförderlichen Know how in die Pflegekarriere zu starten. Hier stehen u. a. auch die Bildungseinrichtungen in der Verantwortung das notwendige aktuelle Wissen zu transportieren.

Führungskräfte und Einrichtungen müssen mit großer Sorgfalt gesundheitsförderliche und präventive Angebote nah an der Lebensrealität der im Schichtdienst tätigen Pflegenden generieren.

Sehr gerne habe ich aus diesen und weiteren Gründen den Titel zum Thema »Gesundheit im Schichtdienst« geschrieben.

Mein herzlicher Dank geht an Susanne Moritz und Frau Busch stellvertretend für den Springer-Verlag, Frau Nitschmann vom Lektorat, Frau Styrsky für die gelungenen Illustrationen und vor allem Ihnen, den Leserinnen und Lesern für den Kauf dieses Buches.

Ich wünsche Ihnen die nötige Portion Motivation, um die oftmals widrigen Umstände des Schichtdiensts zu verändern, gesundheitsförderliches Verhalten in den Alltag einzubetten und eine gute Zeit beim Lesen dieses Buchs.

Jörg Schmal
Waldburg im Mai 2015

Über den Autor

Jörg Schmal ist Pflegepädagoge B.A., Gesundheits- und Krankenpfleger und Seminarleiter für Progressive Muskelrelaxation nach Jacobson. In seiner Tätigkeit als Dozent sammelte er in der Aus,- Fort- und Weiterbildung an diversen Bildungseinrichtungen der Alten- sowie der Gesundheits- und (Kinder)krankenpflege viele Erfahrungen. Daneben ist er als Fachjournalist und Fachautor tätig.

Inhaltsverzeichnis

Kennen Sie das?

J. Schmal

J. Schmal, *Ausgeschlafen? – Gesund bleiben im Schichtdienst für Gesundheitsberufe (Top im Gesundheitsjob)*,
DOI 10.1007/978-3-662-46986-6_1

Pflegerin Ute startet als frisch examinierte Gesundheits- und Krankenpflegerin in das Berufsleben. Sie möchte lieber früher als später gesundheitsförderliche Aspekte in ihr Leben integrieren. Zeit ist bei ihr Mangelware. Dafür hat sie umso mehr offene Fragen, wenn es um die eigene Gesundheit im Schichtdienst geht.

Die **Altenpflegerin und Praxisanleiterin Tanja** ist Mutter einer siebenjährigen Tochter. Sie hat bereits viel Erfahrung in der Pflege gesammelt. Wenn es allerdings um rechtliche Aspekte geht, gibt sie an, ein Informationsdefizit zu haben. Sie ist immer auf der Suche nach Tipps und Tricks ihre Gesundheit im Schichtdienst nicht aus dem Auge zu verlieren. Sie fragt sich auch, ob es Möglichkeiten gibt, aus dem Nachtdienst auszutreten.

Pfleger Mark ist der alte Hase seines Teams auf der Intensivstation. Mit über 50 Jahren fallen ihm viele Pflegetätigkeiten nicht mehr so leicht. Die anstrengende Arbeit auf seiner Station hat bei ihm Spuren hinterlassen. Vor allem die Arbeit im Nachtdienst macht ihm zu schaffen.

Stationsleitung Ingrid setzt sich über alle Maßen für ihr Team ein. Sie spielt mit dem Gedanken in naher Zukunft selbst in die Rolle einer Pflegedienstleitung zu schlüpfen. Sie ist auf der Suche nach innovativen Methoden der Dienstplangestaltung, um den Bedürfnissen ihres hart arbeitenden Teams gerecht zu werden. Ihr Ziel ist es, die Gesundheit ihres Teams trotz der Arbeit im Schichtdienst zu erhalten und zu fördern.

Rettungsassistent Robert ist bereits seit vielen Jahren in der Notfallrettung tätig. Da er in seiner Arbeit regelrecht aufgeht, vernachlässigt er von Zeit zu Zeit sein Privatleben. Seine Work-Life-Balance ist aus dem Gleichgewicht gekommen. Wenn er nach einem langen Dienst nach Hause kommt, fühlt er sich häufig erschöpft und will nur noch seine Ruhe. Robert sucht nach Methoden der Entspannung und nach Tipps, seine Freizeit aktiver zu gestalten.

Schichtdienst und Schichtdienstmodelle

J. Schmal

J. Schmal, *Ausgeschlafen? – Gesund bleiben im Schichtdienst für Gesundheitsberufe (Top im Gesundheitsjob)*,
DOI 10.1007/978-3-662-46986-6_2

Es existieren verschiedene Schichtdienstmodelle. Soll der Schicht-/Dienstplan optimiert werden, empfiehlt es sich einer gewissen Struktur z. B. PDCA-Zyklus zu folgen. Wunschpläne, die Berücksichtigung der personellen Zusammensetzung und die Beachtung der arbeitswissenschaftlichen Empfehlungen zählen hier zu den zu berücksichtigenden Schlagwörtern.

Run auf die Betten

Morgens in der Früh haben sich bereits Scharen von Patienten vor der Eingangstür versammelt. Einige von ihnen warten schon seit mehreren Stunden. Punkt 6 Uhr öffnet das Krankenhaus seine Türen. Der Run auf die Bettenplätze hat begonnen. Wer als erster kommt, mahlt zuerst. Es muss schnell gehen, denn um 20:00 Uhr schließt das Klinikum wieder seine Pforten.

So oder so ähnlich könnte eine Welt ohne Schichtdienst im Krankenhaus aussehen. Eine unvorstellbare Welt, denn feste Betriebszeiten würden dem gesamtgesellschaftlichen Auftrag der Kliniken zur gesundheitlichen Versorgung der Bevölkerung widersprechen.

Die einzige Möglichkeit diesem Auftrag nachzukommen, stellt die Schichtarbeit dar. Doch nicht nur Krankenhäuser folgen glücklicherweise der Dienstplangestaltung in Schichtform. Undenkbar wäre so auch ein Pflegeheim, das nachts seine Bewohner sich selbst überlässt. Höchst bedenklich der Rettungsdienst, der nachts einen

Anrufbeantworter schalten würde, um mit monotoner Computerstimme schwer verletzte Personen aufzufordern ihre Nachricht nach dem »Pieps« zu hinterlassen.

Dank Schichtarbeit existiert eine pflegerische und medizinische Versorgung an 365 Tagen im Jahr – und das rund um die Uhr. Kein Wunder also, dass laut dem Mikrozensus 2007 69% der Gesundheits- und Krankenpfleger/innen ständig, regelmäßig oder gelegentlich im Schichtdienst gearbeitet haben. In den Gesundheitsdienstberufen (17%) und der Wirtschaft (14%) wurde im Vergleich verschwindend gering der Schichtarbeit nachgegangen. 85% der Pflegenden arbeiteten zudem samstags, 84% sonn- und feiertags und 58% nachts (Afentakis 2009).

Warum Schichtdienst? Schichtarbeit gibt es, wenn die gleiche oder eine gleichartige Tätigkeit zu allen Tageszeiten an einem gleichen Ort verrichtet werden muss.

Doch die Arbeit im Schichtdienst hinterlässt ihre Spuren. Gesundheitliche Einbußen verursacht durch den Schichtdienst sind keine Seltenheit. Nach den Ergebnissen des Mikrozensus 2007 sind Gesundheits- und Krankenpfleger bezogen auf Schichtarbeit, Wochenend- und Feiertagsarbeit sowie Nachtarbeit besonders stark belastet (Afentakis 2009). Schichtdienst ist demnach notwendig, aber mit gesundheitlichen Einbußen verbunden.

Dieses Buch soll Ihnen helfen mit dem Gesundheitsrisiko Schichtdienst besser umzugehen.

2.1 Vor- und Nachteile des Schichtdiensts

08-15-Woche oder Kontinuität

Eine 08-15-Woche wäre nichts für Robert. Ein Job in dem er täglich von 08:00–16:00 Uhr arbeiten muss – in seinen Augen unvorstellbar.
Er genießt die Vorzüge des Schichtdiensts, weil er der Ansicht ist, mehr freie Zeit an seinen Arbeitstagen zu haben. Ingrid hingegen genießt als Stationsleitung die Vorzüge einer geregelten Arbeitswoche. Wechselnde Schichten würden sie in ihrer Lebensplanung zu sehr fordern. Die Portion Kontinuität während der Woche tut ihr gut.

Schichtarbeit bringt Vor- und Nachteile mit sich. Inwiefern wir den Schichtdienst tolerieren (▶ Abschn. 5.3), ist auch von unserer Einstellung ihm gegenüber abhängig. Kann man der Schichtarbeit keine positiven Aspekte abgewinnen, ist der Gedanke legitim, sich nach einem Arbeitsplatz umzusehen, der eine geregelte Arbeitszeit bietet. Überlegen Sie auch parallel, ob es tatsächlich der Schichtdienst ist, der Ihnen zu schaffen macht oder evtl. die Teamzusammensetzung, das Patientenklientel, die Überforderung in einem unliebsamen Fachbereich oder der Mangel an Freizeit. Je nach dem was Sie als Quelle der Belastung identifizieren, können Sie andere Schlüsse ziehen.

Individuelle positive und negative Aspekte der Schichtarbeit

Machen Sie sich einmal Gedanken über die für Sie persönlich positiven und negativen Aspekte der Arbeit im Schichtdienst. Erstellen Sie dazu eine Tabelle mit insgesamt fünf Spalten:

- sehr positive Aspekte,
- positive Aspekte,
- weder positive noch negative Aspekte,
- negative Aspekte,
- sehr negative Aspekte.

Anhand der Tabelle können Sie erkennen, welche Aspekte der Schichtarbeit von Ihnen als positiv und welche als negativ empfunden werden. Stärken und erhalten Sie die positiven Aspekte, während Sie die negativen auf Veränderungsmöglichkeiten prüfen und ggf. eine Änderung anstreben.

2.2 Schichtdienstmodelle

Es existieren verschiedene Schichtdienstmodelle. In diesem Kapitel erhalten Sie einen komprimierten Überblick über den Dschungel verschiedener Modelle. Im Anschluss daran finden Sie die arbeitswissenschaftlichen Empfehlungen zur Gestaltung der Schichtarbeit, von denen die Gesetzgebung fordert (▶ Kap. 3), sie bei der Gestaltung des Dienstplanes zu berücksichtigen.

Nachfolgend wird die konkrete Ausgestaltung der theoretischen Inhalte in der Praxis aufgegriffen. Unterstützung dabei kann das unten beschriebene 6-Schritte-Programm geben.

2.2.1 Modelle

Schichtdienstmodelle können grundsätzlich in permanente und Wechselschichtsysteme unterschieden werden [15].

Permanente Schichtdienstmodelle gehen von einer kontinuierlich gleichbleibenden Arbeitszeit aus. Diese werden unterteilt in (DGAUM 2006):

- Dauerfrühschicht,
- Dauerspätschicht,
- Dauernachtschicht,
- geteilte Dienste zu permanent gleichbleibenden Zeiten.

Wechselschichtmodelle oder **rotierende Schichtsysteme** sehen einen Wechsel zwischen den unterschiedlichen Dienstzeiten vor. Diese werden unterteilt in (DGAUM 2006):

- Systeme ohne Nachtarbeit:
  - ohne Wochenendarbeit,
  - mit Wochenendarbeit,
- Systeme mit Nachtarbeit:
  - ohne Wochenendarbeit,
  - mit Wochenendarbeit.

Außerdem lassen sich Schichtdienstmodelle nach ihrer **Anzahl der zu leistenden Schichten** unterscheiden. So kann z. B. die Zweischichtarbeit (Früh- und Spätschicht) von der Dreischichtarbeit (Früh-, Spät- und Nahtschicht) getrennt werden.

Weiter kann man Wechselschichtsysteme in regelmäßig oder unregelmäßig unterteilen. Ein **regelmäßiges Wechselschichtsystem** liegt dann vor, wenn eine Systematik hinter der Schichtplanung zu erkennen ist z. B. gleiche Schicht zum Start oder zum Ende einer Arbeitswoche, gleichbleibender Wechsel innerhalb des Schichtblocks.

In Gesundheitseinrichtungen findet man hingegen häufig ein **unregelmäßiges Wechselschichtsystem**. Hier ist der Arbeitsaufwand morgens zumeist höher als in der Nacht, sodass nicht gleich viele Pflegende in der Nachtschicht wie im Frühdienst benötigt werden. In unregelmäßigen Wechselschichtsystemen besteht also auch eine Unregelmäßigkeit in Bezug auf den Arbeitsaufwand über den Tag verteilt.

Schichtdienstmodelle sind meist so angelegt, dass es zwischen dem Wechsel der einzelnen Dienste eine gewisse Überlappungszeit gibt. Hier finden in Krankenhäusern und Pflegeeinrichtungen häufig die Übergaben statt.

Ein Faktor, der die Dienstplangestaltung maßgeblich beeinflusst ist die Anzahl der Tage, die pro Woche gearbeitet werden. Es existieren u. a. folgende Modelle:

- 5-Tage-Woche: längere Anwesenheitszeiten, weniger Freizeit an Arbeitstagen, höhere Zahl geplanter freier Tage,
- 5,5-Tage-Woche: kürzere Anwesenheitszeiten, mehr Freizeit an Arbeitstagen, geringere Zahl geplanter freier Tage,
- 6-Tage-Woche: kürzere Anwesenheitszeit, mehr Freizeit an Arbeitstagen, geringere Zahl geplanter freier Tage,
- 7/7-Arbeitszeitmodell: 7 Tage Dienst á 12 h (inkl. 2 h Pause), gefolgt von 7 Tagen Freizeit (DSG 2014).

Der persönliche Schicht-/Dienstplan

Nehmen Sie sich einmal eine halbe Stunde Zeit und machen Sie sich Gedanken über Ihren Dienst-/Schichtplan. Lernen Sie ihre Bedürfnisse und Wünsche kennen, damit Sie zielgerichteter in Diskussionen Änderungsvorschläge begründen können:

- Welche Anforderungen stellen Sie an einen Dienst-/Schichtplan?
- Welche Bedürfnisse sollten ihrer Meinung nach Berücksichtigung finden?
- Warum sollten diese Bedürfnisse Berücksichtigung finden?
- Inwiefern entspricht Ihr derzeitiger Dienstplan ihren Vorstellungen?
- Welche Vor- und Nachteile hat Ihr Dienstplan?
- Was sollte sich konkret ändern, damit Sie überwiegend zufrieden mit Ihrem Dienst-/Schichtplan sind?

Die für Sie persönlich gewonnenen Erkenntnisse müssen Sie nicht bunkern. Besprechen Sie Ihre Änderungsvorschläge und Bedürfnisse im Mitarbeiterjahresgespräch mit ihrem Vorgesetzten.

Wenn Sie mit ihrem Dienstplan zufrieden sind, bewältigen Sie die Belastungen des Schichtdiensts besser (Axelsson 2004).

2.2.2 Arbeitswissenschaftliche Empfehlungen zur Schichtplangestaltung

Der Schichtplan steht maßgeblich mit der Mitarbeiterzufriedenheit und -gesundheit in Verbindung. Ein ungünstiger Dienstplan wirkt sich negativ auf das persönliche Wohlbefinden, die Arbeitsqualität und das Teamklima aus. Ein an arbeitswissenschaftlichen Erkenntnissen und an den Voraussetzungen der Mitarbeiter orientierter Dienstplan hingegen, hat das Potenzial die Mitarbeiterzufriedenheit zu fördern, die psychische, physische und soziale Gesundheit zu erhalten und die Pflegequalität zu verbessern.

Die nachfolgenden Tipps zur Gestaltung der Schichtarbeit orientieren sich u. a. an den Handlungsempfehlungen der Bundesanstalt für Arbeitsschutz und Arbeitsmedizin (Beermann 2005):

1. **Anzahl der aufeinanderfolgenden Nachtdienste gering halten (max. 3).**
   Dies wirkt u. a. gesundheitlichen Beschwerden und sozialer Isolation entgegen. Dauernachtarbeit ist nicht zu empfehlen (▶ Abschn. 11.2). Auch sollte darauf geachtet werden, dass Nachtdienste günstig in den Schichtplan eingeflochten sind. Ein Nachtdienst, einen Tag frei, gefolgt von einem weiteren Nachtdienst stellt ein Beispiel für eine ungünstige Folge dar. Auch ein Nacht-Frei-Frühdienstwechsel ist zu vermeiden, da hier eine zu kurzfristige Umstellung vorgenommen werden muss.
2. **Ausreichende Ruhephase nach Nachtdienst, keinesfalls unter 24 h.**
   Die Erholung nach dem Nachtdienst ist ein hohes Gut. Eine Kürzung der Ruhephase wirkt sich ungünstig auf den nachfolgenden Arbeitsblock aus. Daher gilt es die Ruhephase keinesfalls eine Dauer von 24 h unterschreiten zu lassen. Andere Empfehlungen gehen dahin, die Ruhephase auf 48 h auszudehnen (Sczesny 2007).
3. **Feste Wochenendfreizeiten einplanen.**
   Diese sind einzelnen freien Tagen unter der Woche vorzuziehen, da die Wochenenden in der Gesellschaft und der Freizeitgestaltung einen höheren Stellenwert genießen. Festivitäten o. Ä. fallen so häufig auf die Wochenenden. Geblockte Wochenendfreizeiten erhöhen die Lebensqualität und sind dem persönlichen Zeitmanagement zuträglich.

Alternative Möglichkeiten zum Frei am Samstag/Sonntag sind: Freitag/Samstag oder Sonntag/Montag.

4. **Mehrbelastung durch Freizeit ausgleichen.**
Selbstverständlich sind zusätzliche finanzielle Zuwendungen aufgrund von Mehrbelastung gern gesehen, doch ersetzen diese nicht den Freizeitwert. Freie Zeit lässt sich nicht ohne weiteres käuflich erwerben, sodass zusätzliche Freizeit die Belastungen besser auffängt. In der Freizeit findet die Erholung statt. Überstunden oder zusätzlich gearbeitete Tage sollten also mit Freizeit ausgeglichen werden. Dies bedeutet allerdings nicht, dass das aufgebrachte Engagement nicht monetär vergütet werden soll. Einige Einrichtungen entschädigen bereits ihre Mitarbeiter für das Einspringen mit finanziellen Mehraufwendungen.
5. **Schichtplan sollte vorwärts rotieren.**
Mehrere Studien kommen zu dem Ergebnis, dass ein vorwärtsrotierender Dienstplan sich besser auf die Gesundheit auswirkt als ein rückwärtsrotierender, unsystematischer oder Schaukeldienst. Der vorwärtsrotierende Dienstplan folgt im Gegensatz zu den anderen unserer inneren Uhr und wird somit besser toleriert (▶ Abschn. 5.1). Ein schnell rotierender Dienstplan, der weniger Tage am Stück beinhaltet, ist einem langsam rotierenden vorzuziehen. Dem gegenüber steht die Tatsache, dass ein vorwärtsrotierender Dienstplan die Freizeit an den freien Tagen reduziert, da mit einem Spät- oder Nachtdienst später das Wochenende in Anspruch genommen und mit einem Frühdienst am ersten Arbeitstag früher beendet wird. Dies kann bei Vollzeitkräften nur mit einer Folge mehrerer nacheinander folgender Arbeitstage, insgesamt längeren Dienstzeiten oder Bereitschaftsdiensten (Massierung der Arbeitszeit) umwunden werden. Durch die Massierung der Arbeitszeit kann die Erholungsphase bei Vollkräften ausgedehnt werden.
6. **Die Frühschicht soll keine späte Nachtschicht sein.**
Beginnt der Frühdienst zu früh, wirkt sich dies gesundheitsschädigend aus. Ein Dienstbeginn um 05:30 Uhr fordert von den Mitarbeitern gefühlt mitten in der Nacht aufzustehen. Müssen zusätzlich noch lange Arbeitswege in Kauf genommen werden, reduziert sich die Schlafenszeit zunehmend. Erschwerend hinzukommt, dass die wenigsten Menschen bewusst früher zu Bett gehen – geschweige denn überhaupt schlafen

können –, wenn sie morgens früh aufstehen müssen. So besteht die Gefahr ein Schlafdefizit anzusammeln. Eine reduzierte Konzentrationsfähigkeit mit einer daraus resultierenden erhöhten Unfall-/Fehlergefahr ist nur eine von vielen Folgen. Demnach ist ein Arbeitsbeginn um 07:00 Uhr besser als um 06:30 Uhr, um 6:30 Uhr besser als um 06:00 Uhr, um 06:00 Uhr besser als um 05:30 Uhr etc.

7. **Die Nachtschicht soll kein Frühdienst werden.**
   Die Nachtschicht sollte sich nicht künstlich lange in den Tag hinein ziehen. Desto früher das Bett nach einer Nachtschicht aufgesucht werden kann, umso erholsamer ist der Tagschlaf. Daher ist es auch ratsamer den Nachtdienst früher als später beginnen zu lassen. Besser um 20:00 statt um 00:00 Uhr (Postnova 2013). Ferner sind längere Nachtschichten mit mehreren Pausen empfehlenswerter als kurze Nächte mit nur einer Pause (Folkard 2003). Insgesamt sollten Nachtdienste aufgrund ihres hohen Gefährdungspotenzials allerdings so kurz wie möglich und nur so lang wie nötig gehalten werden.
   Dieser Punkt kann in Konflikt mit dem vorherigen kommen, da eine gleichmäßige Berücksichtigung beider Punkte bei konventionellen Schichtsystemen nicht realisierbar ist. Eine Alternative hierzu wäre die Gleitzeit.
8. **Starre Anfangszeiten in Frage stellen.**
   Jeder Mitarbeiter bringt persönliche Voraussetzungen mit, sodass eine Gleichbehandlung aller nicht Gerechtigkeit sondern fatale Gleichmacherei darstellt. Ein an den individuellen Gegebenheiten der Mitarbeiter orientierter Dienstplan berücksichtigt so z. B. den persönlichen Chronotyp und den alltäglich zurückgelegten Anfahrtsweg. Es liegt nahe, dass ein Mitarbeiter, der eine einfache Fahrzeit von 45 min aufwendet eine größere Freizeiteinbuße hinnehmen muss als ein anderer der nur 5 Minuten entfernt wohnt. Mithilfe flexibler Anfangszeiten kann diese Problematik aufgefangen werden. Individuelle Absprachen z. B. zur Ausgestaltung der Übergabe sind im Team im Beisein der Führungspersonen zu führen (mitarbeiterorientierte Flexibilisierung der Arbeitszeit).
9. **Massierung von Arbeitszeit sollte vermieden werden.**
   Bei längeren Dienstzeiten sinken die Qualität und die Sicherheit (Witkoski Stimpfel u. Aiken 2013). Bereits ab 8,5 Stunden

steigt die Fehlerhäufigkeit, ab 12,5 Stunden nehmen Fehler immer mehr zu. Auch bei Überstunden und mehr als 40 Stunden wöchentlich schleicht sich der Fehlerteufel immer mehr ein (Rogers 2004). Eine scheinbar kleine Unachtsamkeit kann bereits gravierende Folgen haben. Wird so z. B. die hygienische Händedesinfektion vernachlässigt, steigt nicht nur das persönliche Infektionsrisiko sondern auch die Gefahr nosokomialer Infektionen auf Seite der Patienten. Daher ist eine Reduktion von 12-Stunden-Schichten zu empfehlen (Scott 2006).

Auch in der Kinderkrankenpflege gibt es wissenschaftlich fundierte Erkenntnisse, die belegen, dass mit zunehmender Schichtdauer die Pflegequalität und die Patientensicherheit abnehmen (Witkoski Stimpfel 2013). Es ist allerdings auch immer zu betrachten, wer 12 Stunden arbeitet und welche Einflussfaktoren noch einwirken (Ferguson 2012). Ein junger, vitaler, alleinstehender und gesunder Arbeitnehmer wird die Schichtdauer besser überstehen als ein älterer, nicht vollständig agiler Familienvater, der direkt nach dem Dienst im Haushalt und der Familie seinen Einsatz zeigen muss.

Eine Massierung von Arbeitszeit laugt Psyche und Körper zunehmend aus, sodass die anschließende Freizeit aufgrund verstärkter Erschöpfung an Qualität verliert. Wird doch einmal länger gearbeitet, müssen die rechtlichen Bedingungen zur Pausenregelungen und den Pausenzeiten Berücksichtigung finden.

Der Dienstplan hat nicht nur Auswirkungen auf die Mitarbeiterzufriedenheit und die persönliche Gesundheit, sondern auch auf die Gesundheit und das Leben der Patienten. Mit sinkender Abwesenheit von der Station steigt die Mortalität (Sterblichkeit) der Patienten. Das bedeutet andersherum: Die Patientensicherheit leidet unter langen Schichten und einer kurzen Freizeit. Pflegende benötigen Ruhe und Entspannung, um voll aus ihren Kompetenzen schöpfen zu können. Kleinste Veränderungen am Patienten können nicht mehr so gut entdeckt werden, wenn man ständig präsent ist. Ein guter Dienstplan ist mit seinen Schichtzeiten flexibel, sichert eine gute Besetzung, Pausen sowie als auch Ruhezeiten zwischen den Dienstzeiten ab (Trinkoff 2011).

Überstunden sind zu vermeiden, da sich diese negativ auf die Gesundheit der Mitarbeiter auswirken (Caruso 2004). So stehen Überstunden mit kardiovaskulären Erkrankungen, Diabetes und Unfällen in Verbindung (Härmä 2006). Infolge der überstundenbezogenen Verletzungen z. B. Nadelstichverletzungen, Belastungen des Bewegungsapparats und Erkrankungen müssen aufkommende Fehlzeiten vom restlichen Team kompensiert werden, sodass ein gefährlicher Teufelskreis in Gang gebracht wird (Castro 2010).

10. **Schichtdauer in Relation zur Arbeitsschwere setzen.**
Längere Dienstzeiten empfehlen sich dort, wo Mitarbeiter längere Anfahrtswege haben oder die Schwere der Arbeit und die damit einhergehende körperliche und psychische Belastung gering sind. Ist der Dienst allerdings stressig und ist die Teamgröße z. B. aufgrund von Krankheit reduziert, beansprucht die Arbeit den einzelnen so sehr, dass eine zunehmend längere Dienstzeit auch verstärkt erschöpfend wirkt. Gerade eine hohe Belastung im Schichtdienst wirkt sich negativ auf den gesunden Schlaf aus, da Pflegende in diesem Fall nicht so schnell zur Ruhe finden (Karhula 2013). Fatal: Denn die Ruhe und Erholung wird genau zu Zeiten solcher Stressspitzen benötigt.
11. **Vorhersehbarkeit der Schichtpläne.**
Dienstpläne sollten dem Mitarbeiter eine gewisse Sicherheit vermitteln. Ein Dienstplan der sich nach Erstellung verändert, reduziert die Planbarkeit von Terminen z. B. Arztterminen und beschneidet die Ausgestaltung der Freizeit. Zudem sollte den Mitarbeiter frühzeitig der erstellte Dienstplan mitgeteilt werden. Es bietet sich an eine durch das Jahr greifende Logik im Dienstplan zu verorten, die z. B. vorsieht jedes Wochenende einer ungeraden Kalenderwoche als Freizeit zu blocken. So kann auch unabhängig von der Dienstplanerstellung eine in gewissem Rahmen vorausschauende Planbarkeit ermöglicht werden.

2.3 Konkrete Ausgestaltung im Dienstplan

»Bitte keine Veränderungen«
Stationsleitung Ingrid möchte die arbeitswissenschaftlichen Erkenntnisse gerne im Rahmen der Dienstplangestaltung umsetzen. Allerdings fällt ihr dabei auf, dass die Erkenntnisse sich teilweise widersprechen. Daneben sind einige Mitarbeiter sehr skeptisch, wenn es um Veränderungen geht. Sie überlegt, wie sie mit den divergenten Ansichten umgehen kann.

Zunächst ist es hilfreich, die Mitarbeiter in die Dienstplangestaltung mit einzubinden, da hierdurch die Zufriedenheit gesteigert und das Fluktuationsrisiko gesenkt wird (Kwiatkowski 2008).

2.3.1 Dilemmata in der Dienstplangestaltung

Wie so häufig im Leben stehen wir bei der Betrachtung des Dienstplanes vor einem Dilemma:

So ist laut der arbeitswissenschaftlichen Erkenntnisse ein schneller vorwärtsrotierender Dienstplan (Früh-Früh/Spät-Spät/Nacht-Nacht) durch seine Anlehnung an die eigene innere Uhr zu empfehlen. Eine solche Planung reduziert allerdings die Freizeit, da ein freies Wochenende z. B. erst nach einem Nachtdienst begonnen und zeitnaher durch einen Frühdienst beendet wird. Das Dilemma: vorwärtsrotierend ist physiologischer und gilt als weniger gesundheitsschädlich, während ein rückwärtsrotierender Dienstplan mehr zusammenhängende Freizeit bietet.

❯ Jeder muss sich selbst die Frage stellen, was persönlich gesund erhält.

Eigene Bedürfnisse erkennen
Altenpflegerin Tanja empfindet einen zusätzlichen Tag Freizeit als erholsamer. Sie kann hier besser abschalten und mehr Zeit mit ihrer siebenjährigen Tochter verbringen. Sie würde sich, trotz der Argumentation der Wissenschaft gegen einen vorwärtsrotierenden Dienstplan aussprechen. Pflegerin Ute spürt hingegen, dass ihr ein an der inneren Uhr angelehnter Dienstplan weniger zusetzt. Sie erkennt für sich das gesundheitsförderliche Potenzial; zumal sie noch viele Jahre gesund im

Schichtdienst bleiben möchte. Selbstverständlich empfindet sie mehr zusammenhängende Tage frei als erholsam. Daher befürwortet sie dies mindestens einmal im Monat auch beanspruchen zu können.

2.3.2 6-Schritte-Programm zur Umsetzung

Eine Veränderung des bestehenden Schichtdienstplans stellt einen arbeitsorganisatorischen Kraftakt dar. Ein solcher Umbauprozess am bestehenden System setzt Ängste frei und geht mit Akzeptanzproblemen einher. So weiß Pfleger Mark, dass der bestehende Dienstplan hier und da Mängel aufweist, befürchtet allerdings, dass bestehende Vorzüge im neuen Modell keine Berücksichtigung finden. Vorteile eines anderen Systems sind für die einzelnen Mitarbeiter zunächst nur theoretisch (Beermann 2005).

Wird der Schichtplan umstrukturiert, werden dadurch auch persönliche Organisationsstrukturen in Mitleidenschaft gezogen. Eine bestehende Kinderbetreuung, die Position im örtlichen Verein, die Betreuung eines pflegebedürftigen Angehörigen sind nur wenige Beispiele dafür inwiefern sich das individuelle Management an die betrieblichen Veränderungen anpassen muss.

Gegenüberstellung von zwei Schichtdienstplänen
Kommen Diskussionen bezüglich alternativer Schichtdienstgestaltungsmöglichkeiten auf, sollten Sie beginnen, sich Ihre Meinung zu bilden. So kann es hilfreich sein, die bestehenden Alternativen wie in ◘ Tab. 2.1 aufzuführen, sodass Sie besser zwischen den Varianten abwägen können. Die mittige Spalte kann durch Kriterien, die Ihnen persönlich wichtig sind, ergänzt werden.

Umstrukturierung mit Struktur Aus diesem und vielen weiteren Gründen sollte eine solche Umstrukturierung einem gewissen Schema folgen. Eine Struktur zur Umgestaltung gibt nicht nur Sicherheit, sondern ermöglicht durch die Partizipation der Mitarbeiter die Erstellung eines nah an den Interessen der Mitarbeiter angelehnten Ergebnisses, dass auf einem breiten Fundament der Akzeptanz erbaut wird (Galatsch 2010).

Tab. 2.1 Gegenüberstellung von zwei Schichtdienstplänen

Variante A					Kriterien	Variante B				
Sehr gering	Gering	Neutral	Hoch	Sehr hoch		Sehr gering	Gering	Neutral	Hoch	Sehr hoch
					Autonomie					
					Transparenz					
					Gesundheitsförderliche Faktoren					
					Familien- und Freizeitgestaltung					
					Zusammenhängende freie Tage					
					Freizeit an Arbeitstagen					
					Verdienst					
					Fort- und Weiterbildungsmöglichkeiten					

Die Umsetzung einer neuen Schicht- und Dienstplangestaltung kann nur gemeinsam mit den Mitarbeitern erfolgen.
Eine Projektgruppe, die auch Pflegende aus den eigenen Reihen enthält kann im Sinne des Projektmanagements, bei der Realisierung helfen (Buchtipp: Schmidt S [2011] Anpacken. Projektmanagement in Gesundheitsberufen. Springer, Heidelberg Berlin)

Eine Möglichkeit zur Umsetzung stellt der 6-Schritte-Plan dar. Dieser muss nicht zwingend der aufgeführten Struktur folgen, kann aber Denkanstöße zur Ausgestaltung geben. Alternativ bietet sich auch der PDCA-Zyklus an (Plan-Do-Check-Act).

- **Schritt 1: Information**

Zunächst benötigen die Mitarbeiter Informationen. Sinnvolle Entscheidungen können nur dann getroffen werden, wenn die Auswahlmöglichkeiten aufgezeigt werden. Pflegende im Schichtdienst sollten hier zu den verschiedenen Schichtdienstmodellen und deren Vor- und Nachteilen, den arbeitswissenschaftlichen Erkenntnissen und den (zunächst) verfolgten Zielen informiert werden. Die Ziele sind durch die Beteiligung der Mitarbeiter flexibel zu halten.

Die Informationen können im Rahmen von Fortbildungen, Informationsveranstaltungen oder durch Broschüren vermittelt werden.

Zudem sollte sich der Arbeitgeber auch über die Bedürfnisse und Vorstellungen der Mitarbeiter informieren. Dies kann z. B. im Rahmen einer anonymen Befragung mittels Fragebogen erfolgen.

Ziel der Information ist es ein Grundlagenwissen zur weiteren Diskussion zu bilden und den Ist-Stand zu erheben.

- **Schritt 2: Diskussion**

Im zweiten Schritt sollte eine Plattform zu Diskussion hergestellt werden. Die Mitarbeiter sollten die Gelegenheit haben sich auszutauschen und ihre Argumente mitteilen zu können. Dies kann z. B. durch Gruppengespräche oder im Rahmen eines World-Cafés geschehen. Ein World-Café ist eine Workshop-Methode, die es erlaubt in einem konstruktiven Gespräch Veränderungsprozesse wie die Umgestaltung des Dienstplans zu besprechen (The World-Café). Die Methode World-Café bietet sich auch für größere Gruppen an.

- **Schritt 3: Ziele**

Es ist sinnvoll Ziele zu formulieren. Diese sollten auf den Bedürfnissen der Mitarbeiter beruhen, damit die Akzeptanz zur Umsetzung erhöht wird. Den Erfolg der Umsetzung gilt es in der Evaluation zu eruieren.

- **Schritt 4: Beschluss**

In einem Beschluss werden die Ziele den Mitarbeitern transparent gemacht und der Ablauf der Umsetzung strukturiert. Zuständigkeiten und Aufgaben werden verteilt.

- **Schritt 5: Umsetzung und Erprobung**

Die Dauer der konkreten Umsetzung und Erprobung sollte zeitlich festgelegt werden. Innerhalb dieses Zeitraums wird die alternative Dienst- und Schichtplangestaltung erprobt. Eine begleitende Forschung und ein Forum zum Austausch sind nützliche Instrumente, um das Projekt im nächsten Schritt zu evaluieren.

- **Schritt 6: Evaluation**

In der Evaluation werden zum einen die Ziele auf ihre Umsetzung und die Zielerreichung hin überprüft. Zum anderen wird hier, ausgehend von den während der Erprobung gesammelten Daten und einer Schlussevaluation entschieden, ob die eingeläuteten Veränderungen beibehalten werden. Eventuell müssen Kompromisse geschlossen werden, an der einen oder anderen Stelle Nachjustierungen erfolgen oder neue Beschlüsse formuliert werden.

- **Wechsel des Schichtsystems**

Wird eine Veränderung der Schichtsystems angesteuert, kann ein verstärktes Krankheitsaufkommen und vermehrte Unfällen die Folge sein. Um dem entgegenzuwirken, kommt der betrieblichen Gesundheitsförderung ein großer Stellenwert zu. Begleitend zu einem Wechsel des Schichtsystems und im Anschluss, können neue Maßnahmen zur Gesunderhaltung angeboten und Fortbildungen zu Sicherheitsvorschriften am Arbeitsplatz gegeben werden (Wong 2014).

2.3.3 Rhythmusgeber: Der persönliche Dienstplan

Zeit(ver)planer
Pflegerin Ute hat bisweilen das Gefühl ihr Dienstplan wäre ihr persönlicher Zeitgeber. Er bestimmt wann sie schläft, isst, sich mit Freunden trifft oder Zeit hat ihren Hobbies nachzugehen.

Vielleicht geht es Ihnen ähnlich wie Ute, denn der persönliche Dienstplan beeinflusst maßgeblich die Lebensgestaltung. Die Freizeit wird um den Dienstplan herum gestaltet, Terminen und Verpflichtungen wird außerhalb der Arbeitszeit nachgegangen.

Pflegende im Schichtdienst müssen daher ein sehr gutes Zeitmanagement haben, wenn Sie eine gesunde Lebensführung und die Arbeit zu wechselnden Tageszeiten unter einen Hut bringen wollen. (Buchtipp: Quernheim G [2010] Und jetzt Sie! Selbst- und Zeitmanagement in Gesundheitsberufen. Springer, Heidelberg Berlin)

Positive und negative Aspekte meines Dienstplans
Betrachten Sie einmal Ihren aktuellen Dienstplan. Entspricht er Ihren Vorstellungen von einem guten Dienstplan? Was konkret könnte besser sein? Haben Sie trotz Ihres Dienstplans ausreichend Zeit für Schlaf, Kochen, Sport, Unternehmungen, Hobbies, Familie, Freunde, etc.?

2.4 Wunschpläne

Ein guter Grund für Wunschpläne: Laut einer deutschen Studie, die auf den Daten der NEXT-Studie aufbaut, sind Pflegende arbeitsfähiger und gesünder, wenn sie ihren Dienst nach Wunsch ändern konnten. Wurde dies nicht ermöglicht oder ein Dienstplan entgegen ihren Vorstellungen erstellt, verschlechtere sich die Leistungsfähigkeit und die Gesundheit (Galatsch 2013).

Wunschpläne sind demnach gesundheitsförderlich. Sie fördern die Planbarkeit der Freizeit und unterstützen damit das soziale Leben und die Work-Life-Balance.

Bei der Implementierung eines Wunschplans gilt es allen Mitarbeiter gleichermaßen gerecht zu werden. So dürfen einzelne Mitarbeiter nicht bevorzugt werden. Bei parallel geäußerten Wünschen muss eine gemeinsame Diskussion stattfinden, die in einen akzeptablen Kompromiss mündet.

Eventuell kann eine Begrenzung der zu äußernden Wünschen pro Monat festgelegt werden. Besonders wichtige Wünsche können durch Markierung hervorgehoben werden.

2.5 Personelle Zusammensetzung in der Schicht

Mein Lieblingskollege

Altenpflegerin Tanja bemerkt, dass eine Schicht leicht beschwingt vorbei geht, sobald sie mit bestimmten Kollegen zusammenarbeitet. Mit anderen hingegen hat sie das Gefühl der Dienst würde kein Ende nehmen – die Chemie scheint hier nicht zu stimmen. Deswegen fühlt sie sich schuldig, da gerade in einem sozialen Beruf keine »Sympathiegrenze« durch das Personal gezogen werden darf, oder?

Wer Freude am Dienst hat und sich im Team wohl fühlt, nimmt die im Schichtdienst auftretenden Belastungen leichter. Phänomene wie Sympathie und Antipathie im Team sollten daher nicht auf die leichte Schulter genommen werden. Der Weg, die Arbeit im Pflegeteam mit dem Spruch *»Das ist hier kein Wunschkonzert!«* abzutun, greift zu kurz. Es ist nur menschlich in einer gewissen Teamkonstellation das Gefühl zu haben, die Arbeit beschwingter oder im Gegensatz bleiern angehen zu können.

Müdigkeit steckt an

Pfleger Mark hat im Laufe der Jahre erkannt, dass sich eine nächtliche Zusammenarbeit mit einem Kollegen schwerer gestaltet, wenn dieser sehr müde ist. Die Müdigkeit scheint dann auf ihn überzuschwappen.

Daher empfiehlt es sich in der Dienstplangestaltung die persönlichen Vorlieben der personellen Zusammensetzung zu berücksichtigen (Hollick 2014).

Natürlich, darf die Vorliebe mit jemandem zusammenzuarbeiten, nicht in Ausgrenzung oder Mobbing enden. Am besten eignet sich ein offenes, sachliches Gespräch z. B. im Rahmen eines Teamgesprächs oder einer Supervision.

Reflektion
Mit welchen Teamkollegen arbeiten Sie besonders gern bzw. weniger gern zusammen. Suchen Sie dafür Begründungsansätze und Argumente. Was würde ihnen helfen mit bislang »unliebsamen« Kollegen zusammenzuarbeiten?

2.6 In aller Kürze

Ein Gesundheitswesen, welches eine Rund-um-die-Uhr-Versorgung der Gesellschaft zum Ziel hat, kommt ohne Schichtdienst nicht aus. Es existieren verschiedene Schichtdienstmodelle, die unterschiedliche Vor- und Nachteile mit sich bringen. Grundsätzlich sind die arbeitswissenschaftlichen Erkenntnisse bei der Ausgestaltung der Schichtarbeit zu berücksichtigen:

- Geringe Anzahl aufeinanderfolgender Nachtdienste,
- ausreichende Ruhephasen nach dem Nachtdienst,
- feste Wochenendfreizeiten,
- Mehrbelastung durch Freizeit ausgleichen,
- Schichtdienste vorwärtsrotieren lassen,
- Frühdienst sollte nicht zu früh beginnen,
- Nachtdienst sollte nicht unnötig in den Frühdienst hinein dauern,
- Flexibilisierung der Arbeitszeit,
- Massierung der Arbeitszeit vermeiden,
- Schichtdauer sollte abhängig von der Arbeitsschwere sein,
- Dienstpläne sind vorhersehbar zu gestalten.

Die arbeitswissenschaftlichen Erkenntnisse gehen nicht immer konform mit den subjektiven Ansichten der Mitarbeiter.

- Daher ist die Partizipation der Mitarbeiter bei der Dienst- und Schichtplangestaltung gefragt.

- Eine Umgestaltung kann von einer Projektgruppe betreut werden und muss sich an den Bedürfnissen der Mitarbeiter orientieren.
- Der persönliche Dienstplan kann mit einem Taktgeber verglichen werden, der eine hohe Kompetenz im Sinne des Zeitmanagement verlangt.
- Die Initiierung und Nutzung von Wunschplänen steigert die Arbeitszufriedenheit.
- Eine als positiv empfundene personelle Zusammensetzung trägt dazu bei, die Arbeit als weniger belastend zu erleben.

Literatur

Afentakis A (2009) Krankenpflege – Berufsbelastung und Arbeitsbedingungen. Statistisches Bundesamt Destatis 18. August 2009. https://www.destatis.de/DE/Publikationen/STATmagazin/Gesundheit/2009_08/PDF2009_08.pdf;jsessionid=597E45FBDD383EF0A331B341AE7F7B5D.cae1?__blob=publicationFile (Letzter Zugriff: 29.01.2015)

Axelsson J, Akerstedt T, Kecklund G, Lowden A (2004) Tolerance to shift work – how does it relate to sleep and wakefulness? Int Arch Occup Environ Health 77: 121–129

Beermann B (2005) Leitfaden zur Einführung und Gestaltung von Nacht- und Schichtarbeit 9. Aufl. http://www.baua.de/de/Publikationen/Broschueren/A23.html (Letzter Zugriff: 27.02.2015)

Caruso CC, Hitchcock EM, Dick RB, Russo JM, Schmit JM (2004) Overtime and extended working shifts: recent findings on illness, injuries and health behaviors. DHHS (NIOSH) Publication No. 2004-143

Castro de AB, Fujishiro K, Rue T et al. (2010) Associations between work schedule characteristics and occupational injury and illness. Int Nurs Rev 57: 188–194

DGAUM Deutsche Gesellschaft für Arbeitsmedizin und Umweltmedizin e.V. (2006): Arbeitsmedizinische Leitlinien der Deutschen Gesellschaft für Arbeitsmedizin und Umweltmedizin e.V. Nacht- und Schichtarbeit. Arbeitsmed Sozialmed Umweltmed 41: 390–397

DSG Deutsche Seniorenstift Gesellschaft (2014) Leitfaden zum »7/7-Arbeitszeitmodell«. Ein innovativer Versuch für eine bessere Work-Life-Balance in der stationären Altenpflege. http://www.deutsche-seniorenstift.de/DSG_PDF-Leitfaden_v7_2014-04-03_final.pdf (Letzter Zugriff: 29.01.2015)

Ferguson SA, Drawson D (2012) 12-h or 8-h shifts? It depends. Sleep Medicine Reviews 16: 519–528

Folkard S, Tucker P (2003) Shift-work, safety and productivity. Occupat Med 53: 95–101

Galatsch M, Schmidt SG, Dichter M, Palm R, Hasselhorn HM (2010) Pflegende sollten bei Schichtform mitentscheiden. Schwester Pfleger 49: 1018–1021

Galatsch M, Li J, Derycke H, Müller BH, Hasselhorn HM (2013) Effects of requested, forced and denied shift schedule change on work ability and health of nurses in Europe -Results from the European NEXT-Study. BMC Public Health 13: 1137

Härmä M (2006) Workhours in relation to work stress, recovery and stress. Scand J Work Environ Health 32: 502–514

Hollick J (2014) Eine leibliche Herausforderung. Pflegezeitschr 67: 396–399

Karhula K, Härmä M, Sallinen M et al. (2013) Job strain, sleep an alertness in shift working health care professionals – a field study. Industrial Health 51: 406–416

Knauth P, Hornberger S (1997) Schichtarbeit und Nachtarbeit. Probleme – Formen – Empfehlungen. 4.Aufl. Bayrisches Staatsministerium für Arbeit und Sozialordnung, Familie, Frauen und Gesundheit. München. http://inqa.gawo-ev.de/cms/uploads/knauth.pdf?phpMyAdmin=Xr78vEy9vt0o%2Cxb0Dy0xDi0dA29&phpMyAdmin=19e16be51a9caef756465b0a0e7e4930 (Letzter Zugriff: 27.02.2015)

Kwiatkowski B (2008) Dienstplanung: Nicht ohne meine Mitarbeiter. Schicht um Schicht. Heilberufe 64: 42–43

Postnova S, Robinson PA, Postnov DD (2013) Adaption to shift work: physiologically based modeling of the effects of lightning and shifts' start time. Plos One 8: e53379

Rogers AE, Hwang HT, Scott LS, Aiken LH, Dinges DF (2004) The working hours of hospital staff nurses and patient safety. Health Affairs 23: 202–212

Scott LD, Rogers AE, Hwang WT, Zhang Y (2006) Effects of critical care nurses' work hours on vigilance and patients' safety. Am J Crit Care 15: 30–37

Sczesny C (2007) Gestaltung der Arbeitszeit im Krankenhaus. Zur Umsetzung neuer Nachtarbeitszeitregelungen unter Berücksichtigung arbeitswissenschaftlicher Erkenntnisse. 5. A. Lausitzer, Bautzen

The World-Café (o. J.): The World-Café http://www.theworldcafe.com/ (Letzter Zugriff: 29.01.2015)

Trinkoff AM, Johantgen M, Storr CL et al. (2011) Nurses' work schedule characteristics, nurse staffing and patient mortality. Nursing Research 60: 1–8

Witkoski Stimpfel A, Aiken LH (2013) Hospital Staff Nurses' Shift Length Associated With Safety and Quality of Care. Nurs Care Qual. 28: 122–129

Witkoski Stimpfel A, Lake ET, Barton S, Gorman KC, Aiken LH (2013) How Differing Shift Lengths Relate to Quality Outcomes in Pediatrics. Nurs Adm 43: 95–100

Wong IS, Smith PM, Mustard CA, Gignac MAM (2014) For better or worse? Changing shift schedules and the risk of work injury among men and women. Scand J Work Environ Health 40: 621–630

Ihr gutes Recht im Schichtdienst!

J. Schmal

J. Schmal, *Ausgeschlafen? – Gesund bleiben im Schichtdienst für Gesundheitsberufe (Top im Gesundheitsjob)*,
DOI 10.1007/978-3-662-46986-6_3

Das Arbeitszeitgesetz stellt eine bedeutende rechtliche Grundlage für die Arbeit im Schichtdienst dar. Es werden Aussagen zu Nacht- und Schichtarbeit, Überstunden und Mehrarbeit sowie als auch zu Pausenregelungen und Ruhezeiten getroffen. Daneben gilt es das Mutter- und Jugendarbeitsschutzgesetz zur berücksichtigen.

Pflegende im Schichtdienst haben Rechte. Diese sind im juristischen Dschungel allerdings nicht immer glasklar zu sehen. Was genau verbirgt sich aber hinter dem Begriff Arbeitszeit? Vielleicht geht es Ihnen auch wie Schwester Tanja und sie fragen sich, ob sie überhaupt zur Arbeit im Nachtdienst verpflichtet werden können? Wie lange darf und muss eine Pause sein? Wie viel Zeit muss zwischen zwei Diensten mindestens verstreichen, ehe Sie wieder zum Dienst herangezogen werden dürfen? Was sind die Kernaussagen des Mutter- und Jugendarbeitsschutzgesetzes? Diese und weitere Fragen rund um Ihr gutes Recht werden in diesem Kapitel beantwortet.

3.1 Allgemeines zum Arbeitszeitgesetz

Das Arbeitszeitgesetz verfolgt das Ziel die Sicherheit und den Gesundheitsschutz des Arbeitnehmers bei der Arbeitszeitgestaltung zu gewährleisten (**§1 ArbZG**).

Als Arbeitszeit wird die Zeit von Beginn bis zum Ende der Arbeit ohne Ruhepausen bezeichnet (**§2 ArbZG Abs. 1 Satz 1**).

Als Nachtzeit gilt laut Gesetz die Zeit von 23–6 Uhr (**§2 ArbZG Abs. 3**).

Die werktäglich höchstzulässige Arbeitszeit beträgt 8 Stunden. Diese kann auf 10 Stunden verlängert werden, wenn innerhalb von 6 Kalendermonaten oder innerhalb von 24 Wochen der Durchschnitt von 8 Stunden werktäglich nicht überschritten wird. Samstage gelten als Werktage (**§3 ArbZG**).

Bei Nachtarbeitnehmern darf eine werktäglich durchschnittliche Arbeitszeit von 8 Stunden innerhalb eines Kalendermonats oder innerhalb von 4 Wochen nicht überschritten werden (**§6 ArbZG Abs. 2**). Der Arbeitgeber darf die Arbeitszeit auf 10 Stunden werktäglich verlängern, wenn regelmäßige Arbeitsbereitschaft oder Bereitschaftsdienst in erheblichem Umfang geleistet wird. Dies ist in einem Tarifvertrag festzuhalten.

Die tatsächlich zu leistende Arbeitszeit des Arbeitnehmers wird in Tarifverträgen, Betriebsvereinbarungen oder Einzelverträgen festgehalten. Informieren Sie sich deshalb über die bei Ihnen geltenden Bestimmungen.

Soll eine Änderung geltender Arbeitszeitregelungen erfolgen, ist das besondere Mitbestimmungsrecht der Betriebs- und Personalräte wahrzunehmen. Während des alltäglichen Schichtbetriebs beaufsichtigen sie zudem die Einhaltung gesetzliche Regelungen, Tarifverträge und Vereinbarungen. Bei aufkommenden Zweifeln an der Korrektheit der Schichtdienst- und Arbeitszeitgestaltung kann es daher nicht schaden, sich beim Betriebsrat zu informieren und ggf. um eine Klärung des Sachverhalts zu bitten.

3.2 Nacht- und Schichtarbeit

Nacht- und Schichtarbeit ist nach den gesicherten arbeitswissenschaftlichen Erkenntnissen festzulegen

- **Nachtarbeitnehmer haben das Recht auf eine arbeitsmedizinische Untersuchung**

Pflegende, die in der Nachtarbeit tätig sind, haben das Recht sich vor Beginn der Beschäftigung und in regelmäßigen Abständen (>3 Jahre) arbeitsmedizinisch untersuchen zu lassen. Mit Vollendung des 50. Lebensjahres dürfen sie dies einmal jährlich in Anspruch nehmen. Die Kosten muss der Arbeitnehmer übernehmen **(§6 ArbZG Abs. 3)**.

- **Raus aus dem Nachtdienst?**

Sie können beim Arbeitgeber eine Versetzung in den Tagdienst beantragen. Gründe dafür können sein:
- Arbeitsmedizinische Feststellung einer Gesundheitsgefährdung durch den Nachtdienst,
- fehlende Betreuungsmöglichkeit eines im Haushalt lebenden Kindes unter 12 Jahren,
- erhebliches Versorgungsdefizit eines schwerpflegebedürftigen Angehörigen im eigenen Haushalt.

Stehen der Versetzung dringende betriebliche Erfordernisse entgegen, muss der Personal- oder Betriebsrat angehört werden. Dieser kann den Arbeitgeber zur Umsetzung beraten **(§6 ArbZG Abs. 4)**. Entscheidungen, ob der Nachtdienst verlassen werden kann, sind jedoch Einzelfallentscheidungen. Zudem muss der Arbeitsvertrag mit seinen Besonderheiten Berücksichtigung finden.

- **Ein wegweisendes Urteil des Bundesarbeitsgerichts**

Eine Krankenschwester hat gegen ihren Arbeitgeber geklagt. Streitsache: Die seit 1983 als Krankenschwester im Schichtdienst tätige Arbeitnehmerin konnte keinen Nachtdienst mehr schieben, da sie Medikamente erhielt, die sie müde und schläfrig machten. Die Krankenschwester bot allerdings weiter ihre Dienste im Tagdienst an. Der Arbeitgeber entließ sie im Juni 2012 jedoch als arbeitsunfähig krank, da der Haustarifvertrag den Einsatz im Schichtdienst forderte. Das Urteil des Bundesarbeitsgerichts gibt der Krankenschwester Rückendeckung: Die Klägerin kann alle Tätigkeiten einer Krankenschwester ausüben – außer nachts. Das Haus hat bei der Schichteinteilung Rücksicht zu nehmen. Die entgangene Vergütung musste der Frau nachgezahlt werden (BAG 2014).

- **Recht auf Weiterbildung und Aufstieg**

Als Nachtarbeitnehmer dürfen Sie in Sachen Weiterbildung und Aufstiegschancen nicht schlechter gestellt sein, als andere Arbeitnehmer, die überwiegend im Tagdienst eingesetzt sind **(ArbZG §6 Abs. 6)**. Sie haben das Recht auf Weiterbildung und Maßnahmen, die zu ihrem Aufstieg beitragen.

- **Nächtliche Kontrollgänge?**

Eine rechtliche Grundlage, die definiert in welchen Zeitabständen ein Durchgang zu erfolgen hat, gibt es nicht. Bei vielen Pflegenden hat sich dennoch der zweistündliche Durchgang ins Gedächtnis eingebrannt. Diese Annahme alle zwei Stunden einen Durchgang zu machen, geht auf Florence Nightingale zurück. Diese benötigte zur Zeit des Krimkriegs im 19. Jahrhundert zur Versorgung der verletzten Soldaten zwei Stunden. Hatte sie alle Soldaten nach zwei Stunden pflegerisch betreut, startete sie erneut ihren Turnus von vorne.

Ein nächtlicher Kontrollgang hat anlassbedingt zu erfolgen, d. h., dass der Zeitpunkt des Durchgangs vom Gesundheitszustand des Patienten abhängig ist. Ob dies nun halbstündlich oder einmal in der Nacht erfolgt, ist vom individuellen Allgemeinzustand des Patienten abhängig.

Bei Kindern tragen Pflegende hingegen die Aufsichtspflicht, weshalb fest verankerte Durchgangszeiten sinnvoll sind. Dabei sind Anordnungen und bekannte Auffälligkeiten z. B. durch die Dokumentation zu berücksichtigen (Böhme 2014).

3.3 Überstunden und Mehrarbeit

Der Arbeitgeber ist verpflichtet die über die werktägliche Arbeitszeit hinausgehenden Überstunden aufzuzeichnen oder aufzeichnen zu lassen. Diese Nachweise müssen für mindestens 2 Jahre aufbewahrt werden **(§16 ArbZG Abs. 2)**.

Überarbeit (Überstunden) ist jede Arbeit, die im Rahmen des Arbeitsverhältnisses die normale Arbeitszeit überschreitet.

Mehrarbeit hingegen ist jede Arbeit, die über die gesetzliche Arbeitszeit hinausgeht. Mehrarbeit gefährdet Sicherheit und Gesundheit und führt durch die zusätzliche Belastung schneller zu Erschöpfungszuständen und gilt daher langfristig als unproduktiv.

Können Sie aufgrund der Rahmenbedingungen keine qualitative Pflege garantieren oder sehen Sie diese in Gefahr, macht es Sinn eine Überlastungsanzeige zu stellen oder ihre Bedenken anderweitig schriftlich zu äußern.

Damit kommen Sie ihrer Remonstrationspflicht nach, sodass etwaige Konsequenzen von ihren Vorgesetzten getragen werden. Informieren Sie am besten parallel ihren Betriebsrat (Höfert 2008).

3.4 Pausenregelung und Ruhezeiten

Der Arbeitnehmer hat das Recht auf im Voraus feststehende Ruhepausen.

- Bei einer Arbeitszeit von 6–9 Stunden darf diese 30 Minuten nicht unterschreiten.
- Bei einer Arbeitszeit von mehr als 9 Stunden darf diese 45 Minuten nicht unterschreiten.

Die Ruhepausen dürfen in 15-minütige Blöcke eingeteilt werden **(§4 ArbZG)**.

Pausen müssen frei zur Verfügung stehen und die Arbeit unterbrechen d. h. sie dürfen nicht zu Beginn oder zum Ende der Arbeitszeit genommen werden.

Keine Pause, kein Geld?

Ein Arbeitnehmer kann auf eine Vergütung für einen Dienst ohne Pause bestehen. So hat das Landesarbeitsgericht im November 2013 entschieden. Streitsache: Eine Pflegehelferin war im Nachtdienst in einem Pflegeheim mit 86 Bewohnern tätig. Diese waren über vier Etagen verteilt und wurden nachts von zwei Personen betreut. Pauschal war eine Stunde Pause vorgesehen. Diese konnte laut der Klägerin nicht genommen werden, da keine Möglichkeit bestand über die freie Zeit zu verfügen oder das Haus zu verlassen. Zudem habe laut der Klägerin die Vorgabe bestanden ununterbrochen tätig zu sein. Urteil des Landesarbeitsgerichts: Eine Pause muss fest zugewiesen und nicht nur vorgesehen sein. Der Arbeitnehmer hat die genommenen Pausen zu überprüfen.

Kann die Station z. B. im Nachtdienst nicht verlassen werden, da hierdurch eine Gefährdung der Patienten entstehen könnte, ist die Pause als Arbeitszeit zu bewerten und dementsprechend zu bezahlen. So auch in diesem Fall: Die Pflegehelferin hat nachträglich eine Auszahlung für die durchgearbeitete Zeit erhalten (LAG 2013).

Als Pause zählt es nicht, wenn Sie sich über einen längeren Zeitraum hinsetzen können.

- **Ruhezeiten**

Prinzipiell steht Arbeitnehmern zwischen zwei Diensten eine ununterbrochene Ruhezeit von mindestens 11 Stunden zu **(§5 ArbZG)**. In Krankenhäuern und Pflegeheimen kann diese Zeit auf bis zu zwei Stunden gekürzt werden. Jede verkürzte Ruhezeit ist in einem festgelegten Ausgleichszeitraum auszugleichen. Dies ist in einem Tarifvertrag festzuhalten **(§5 ArbZG Abs. 2, §7 ArbZG Abs. 1)**.

- **Arbeiten an Sonn- und Feiertagen**

Pflegende haben einen Anspruch auf mindestens 15 beschäftigungsfreie Sonntage im Jahr **(§11 ArbZG Abs. 1)**. Arbeiten Sie an einem Sonntag, haben Sie innerhalb von 2 Wochen das Recht auf einen Ersatzruhetag. Müssen Sie an einem Feiertag, der auf einen Werktag fällt arbeiten, haben Sie innerhalb von 8 Wochen das Recht auf einen Ersatzruhetag.

3.5 Mutterschutzgesetz

Der Arbeitgeber hat den Arbeitsplatz zum Schutz von Leben und Gesundheit der werdenden oder stillenden Mutter zu gestalten. Dazu muss er alle erforderlichen Vorkehrungen und Maßnahmen treffen:

- Bei überwiegend stehender Arbeit sind Sitzgelegenheiten zum Ausruhen bereitzustellen **(§2 MuSchG Abs. 2)**.

- Bei überwiegend sitzender Arbeit sind kurze Unterbrechungen zu gewährleisten.

▪ Beschäftigungsverbot für werdende Mütter – ihr gutes Recht Werdende Mütter dürfen nicht beschäftigt werden, wenn Leben oder Gesundheit des Kindes dadurch gefährdet wird (**§3 MuSchG Abs. 1**).

Werdende oder stillende Mütter in der Pflege dürfen

- nicht zu Mehrarbeit herangezogen und
- nicht in der Nacht zwischen 20 und 6 Uhr beschäftigt werden.

Wenn werdende oder stillende Mütter an Sonn- und Feiertagen Dienst haben, müssen sie in jeder Woche einmal eine ununterbrochene Ruhezeit von mindestens 24 Stunden nach der Nachtruhe erhalten.

In den letzten 6 Wochen vor der Entbindung darf eine werdende Mutter nicht beschäftigt werden, außer sie erklärt sich ausdrücklich bereit. Diese Erklärung ist nicht bindend und kann zu jedem Zeitpunkt widerrufen werden (**§3 MuSchG Abs. 2**).

Nach der Entbindung dürfen Mütter bis zum Ablauf von 8 Wochen nicht beschäftigt werden. Bei Früh- und Mehrlingsgeburten sogar 12 Wochen (**§6 MuSchG Abs. 1**). Selbst Monate nach der Entbindung darf bei Vorlage eines ärztlichen Zeugnisses keine Arbeit verrichtet werden, die die eigene Leistungsfähigkeit übersteigt (**§ 6 MuSchG Abs. 2**).

Stillenden Mütter haben das Recht mindestens zweimal täglich eine halbe Stunde oder einmal täglich eine Stunde frei zu bekommen. Bei einer Dienstzeit von über 8 Stunden können sie zweimal täglich 45 Minuten oder einmal täglich 90 Minuten frei bekommen. Diese Zeit darf nicht vor- oder nachgearbeitet und nicht als Ruhezeit verbucht werden (**§7 MuSchG Abs 1 und Abs. 2**).

Werdende Mütter dürfen weder schwer körperlich arbeiten, noch schädlichen Einwirkungen z. B. Dämpfe bei der Zubereitung von Desinfektionslösungen, Strahlen oder Zubereitung von Zytostatika, ausgesetzt sein. Darunter fällt auch:

- kein regelmäßiges Heben schwerer Lasten (>5 kg),
- kein gelegentliches Heben schwerer Lasten (>10 kg).
- Nach Ablauf des 5. Schwangerschaftsmonats: Arbeit, bei der man ständig stehen muss,

- (Pflege)handlungen bei denen man sich erheblich strecken, beugen, bücken oder hocken muss sowie
- Arbeiten, von denen bekannt ist, dass diese der Entwicklung einer berufstypischen Erkrankung zuträglich sind z. B. Bandscheibenvorfall und
- keine Arbeit im Kontrollbereich z. B. Röntgen.

Das Mutterschutzgesetz gilt nicht nur für fest angestellte Mitarbeiter, sondern auch für Praktikantinnen oder Auszubildende.

3.6 Jugendarbeitsschutzgesetz

Ist das erlaubt

Schwester Irene wurde in ihrer Funktion als Praxisanleiterin ein neuer Auszubildender zugeteilt. Dieser ist erst 17 Jahre alt. Eine Kollegin raunte sie mürrisch an: »*Die machen mehr Pause als sie arbeiten! Lass den Schüler mal was arbeiten!*« Sie erinnert sich nur noch dunkel an die Inhalte des Jugendarbeitsschutzgesetzes und erkundigt sich daraufhin bei ihrem Vorgesetzten.

Das Jugendarbeitsschutzgesetz gilt für die Beschäftigung von Personen, die noch nicht 18 Jahre alt sind.

Jugendliche dürfen demnach nicht mehr als 8 Stunden täglich und maximal 40 Stunden wöchentlich beschäftigt werden. Ist an einigen Tagen die tägliche Arbeitszeit verkürzt, dürfen sie an anderen Werktagen bis zu 8,5 Stunden arbeiten **(§8 JArbSchG)**.

Insgesamt dürfen Jugendliche nur an fünf Tagen die Woche beschäftigt werden. Die beiden Ruhetage sollten möglichst aufeinander folgen **(§15 JArbSchG)**.

Folgende Bedingungen bezüglich der Ruhezeiten sind im Voraus festzulegen **(§11 JArbSchG)**:

- Ruhepause dauert mindestens 15 min,
- 30 min Ruhepause bei einer Arbeitszeit von 4,5–6 Stunden,
- 60 min Ruhepause bei einer Arbeitszeit über 6 Stunden.
- Nach spätestens 4,5 Stunden Arbeit hat eine Ruhepause zu erfolgen.
- Ruhepause darf frühestens eine Stunde nach Beginn und spätestens eine Stunde vor Ende der Arbeitszeit genommen werden.

- **Wussten Sie, dass…**

… Jugendliche an gesetzlichen Feiertagen und dem 24. sowie am 1.12. nach 14:00 Uhr nicht beschäftigt werden dürfen **(§18 JArbSchG)**?

… Jugendliche nach Dienstende eine ununterbrochene Freizeit von mind. 12 Stunden zu erhalten haben, ehe sie wieder arbeiten dürfen **(§13 JArbSchG)**?

3.7 In aller Kürze

Informieren Sie sich über Ihr gutes Recht! Das Arbeitszeitgesetz regelt so u. a., wie lange Sie arbeiten dürfen und wann Pausen genommen werden müssen.

Achten Sie auf Ihre regelmäßigen Pausen und Ruhezeiten. Überprüfen Sie Ihren Dienstplan, ob Ihnen alle gesetzlich vorgeschriebenen Ersatzruhetage und beschäftigungsfreien Sonntage zugesprochen wurden.

Als Mitarbeiter im Nacht- und Schichtdienst haben Sie u. a. das
- Recht auf arbeitsmedizinische Untersuchung und
- Recht auf Fort- und Weiterbildung.

Sie dürfen von ihrem Arbeitgeber aufgrund ihrer Dienstzeiten nicht benachteiligt werden.

Zudem haben Sie das gute Recht sich aus dem Nachtdienst in den Tagdienst versetzen zu lassen, bei:
- Gesundheitsgefährdung durch den Nachtdienst,
- fehlende Betreuung eines Kindes unter 12 Jahren,
- Versorgungsdefizit eines pflegebedürftigen Angehörigen.

Als werdende und stillende Mütter können Sie sich auf die Gesetze des Mutterschutzgesetzes berufen. Sie und Ihr Kind sind es Wert.

Pflegende in der Praxis beachten bei der Dienstplangestaltung, der Auswahl der Tätigkeiten und der Praxisanleitung die Vorgaben des Jugendschutzgesetzes. Denken Sie immer daran: Auch Sie waren einmal Berufsanfänger! Gehen Sie deshalb mit jungen Auszubildenden nicht zu hart um.

Literatur

BAG Bundesarbeitsgericht (2014) Pressemitteilung Nr. 16/14. Anspruch einer Krankenschwester, nicht für Nachtschichten eingeteilt zu werden. http://juris.bundesarbeitsgericht.de/cgi-bin/rechtsprechung/document.py?Gericht=bag&Art=pm&Datum=2014&nr=17312&pos=0&anz=16&titel=Anspruch_einer_Krankenschwester,_nicht_f%FCr_Nachtschichten_eingeteilt_zu_werden (Letzter Zugriff: 29.01.2015)

Beck-Texte (2013) Arbeitsgesetze. 82. A. DTV, München

Böhme H (2014) Sind Kontrollgänge im Nachtdienst erforderlich? Schwester Pfleger 53: 1230

Bundesministerium der Justiz und für Verbraucherschutz (o.J.) Gesetze im Internet. www.gesetze-im-internet.de/ (Letzter Zugriff: 29.01.2015)

Hell W (2010) Alles Wissenswerte über Staat, Bürger, Recht. Staatsbürger und Gesetzeskunde. 7. A. Thieme, Stuttgart

Höfert R (2008) Verantwortungsvoller Nachtdienst. Pflegende tragen die volle Verantwortung. Heilberufe 9: 53–54

LAG Landesarbeitsgericht Köln (2013) Urteil vom 27.11.2013. Az. 5 Sa 376/13. http://openjur.de/u/683468.html (Letzter Zugriff: 29.01.2015)

LASI Länderausschuss für Arbeitsschutz und Sicherheitstechnik (2009) Arbeitszeitgestaltung in Krankenhäusern LV 30. http://lasi.osha.de/docs/lv30.pdf (Letzter Zugriff: 29.01.2015)

Gesundheitliche Belastungen durch den Schichtdienst

J. Schmal

J. Schmal, *Ausgeschlafen? – Gesund bleiben im Schichtdienst für Gesundheitsberufe (Top im Gesundheitsjob)*,
DOI 10.1007/978-3-662-46986-6_4

Die Arbeit im Schichtdienst geht mit physischen, psychischen und sozialen Belastungen einher. Pflegende sollten diese kennen, um ihnen entgegenwirken zu können. Eine sinnvolle Prävention der gesundheitlichen Belastungen beginnt mit der Kenntnis über die entsprechenden Gefahren.

Das Arbeiten im Schichtdienst geht mit vielen gesundheitlichen Belastungen einher. Dies ist mehrfach wissenschaftlich untersucht worden. Neben körperlichen und psychischen Beschwerden fallen auch die sozialen Folgen unregelmäßiger und dem gesellschaftlichen Leben entgegen wirkender Dienstzeiten ins Gewicht.

Laut Mikrozensus 2007 gaben 16% der Gesundheits- und Krankenpfleger/innen an in den letzten 12 Monaten ein arbeitsbedingtes Gesundheitsproblem gehabt zu haben. Im Vergleich: In den Gesundheitsberufen und in der Gesamtwirtschaft waren es 6,4% und 6,5% (Afentakis 2009).

Kennen Pflegende die häufigsten Beschwerden, kann dies helfen rechtzeitig gegenzusteuern. Mit der Kenntnis um häufige Gebrechen können Methoden zur Prävention und Gesundheitsförderung ergriffen werden.

4.1 Körperliche Beschwerden

Das Arbeiten in der Pflege hat unterschiedliche Auswirkungen auf den Körper. Infolge steigender Arbeitsbelastung z. B. durch die Versorgung aufwändiger Patientengruppen oder personelle Engpässe werden die negativen Auswirkungen des Arbeitens im Schichtdienst zusätzlich verstärkt. So reduziert eine zunehmende Müdigkeit in Folge des Arbeitens in einem rotierenden Schichtdienstsystem die Abwehrfunktion des Körpers. Ist das Immunsystem geschwächt, sind nicht selten Infektionen die Folge (Nagai 2011).

4.1.1 Herz und Stoffwechsel in Mitleidenschaft gezogen

Es existieren Indizien, dass die Arbeit im Schichtdienst mit einem Anstieg kardiovaskulärer Erkrankungen z. B. Hypertonie und metabolisches Syndrom einhergeht (Esquirol 2011). Hierfür soll die Ursache u. a. in einem zunehmenden Schlafdefizit und Stress liegen (Holmes 2001). Andere Studien widerlegen einen Zusammenhang von Schichtarbeit und einem Anstieg des Blutdrucks (Sfreddo 2010).

Eine aktuelle Studie kommt zu dem Ergebnis, dass Frauen die länger als 5 Jahre im Nachtdienst arbeiten eine größere kardiovaskuläre und allgemeine Sterblichkeit aufweisen. Wenn Pflegende zwischen 6 und 14 Jahren im Schichtdienst tätig sind, steigt die kardiovaskuläre Sterblichkeit um 19% (Gu 2015).

Auch der Stoffwechsel wird durch die Arbeit im Schichtdienst negativ beeinflusst. Die Folge: Übergewicht und ein erhöhtes Risiko an Diabetes mellitus zu erkranken (Buxton 2012, Knutsson u. Kempe 2014). Desto länger im Schichtdienst gearbeitet wird, umso größer ist das Risiko adipös zu werden und an einem Diabetes mellitus Typ 2 zu leiden. Forscher empfehlen daher Pflegenden im Rahmen der Diabetesprävention eine größere Aufmerksamkeit zu schenken (Pan 2011).

4.1.2 Magen-Darm-Trakt aus dem Gleichgewicht gebracht

Schichtdienst schlägt auf den Magen: Laut einer iranischen Studie litten Pflegende im rotierenden Schichtdienst im Gegensatz zu ihren Kollegen, die ausschließlich im Tagdienst arbeiteten, signifikant häufiger unter gastrointestinalen Beschwerden und griffen daher eher zu Medikamenten. Der prominenteste Grund für das Rumoren im Magen war die Unregelmäßigkeit der Mahlzeiten. Regurgitation und Sodbrennen traten häufiger auf (Saberi 2010; ▶ Kap. 6).

Eine koreanische Studie kommt zu dem Schluss, dass aufgrund zunehmender psychischer Belastung Pflegende häufiger unter einem Reizdarmsyndrom und einer funktionalen Dyspepsie (Reizmagen) infolge einer Verdauungsstörung leiden (Koh 2014).

Ob einzig und allein der Schichtdienst für die Magen-Darm-Beschwerden verantwortlich ist, kann nicht 100%ig gesagt werden. Weitere Risikofaktoren wie Rauchen, Alter und eine ungesunde Lebensführung sind als weitere begünstigende Faktoren nicht auszuschließen (Knutsson u. Boggild 2014). Es liegt allerdings nahe, dass eine unregelmäßige Nahrungsaufnahme, fehlende Erholungszeiten und zunehmender Stress infolge der Arbeit im Schichtdienst nicht spurlos am Magen-Darm-Trakt vorbeigehen. Der Magen-Darm Trakt gilt als das Organsystem, das am empfindlichsten auf die Arbeit im Schichtdienst reagiert (Rüdiger 2004).

4.1.3 Schmerzen und Belastungen des Bewegungsapparats

Pflegende klagen häufig über Rückenschmerzen und Verspannungen (▶ Kap. 9). Laut einer Studie leiden Pflegende, die in Wechselschicht arbeiten, häufiger unter Beschwerden des Bewegungsapparats als ihre Kollegen, die ausschließlich im Tagdienst arbeiten. Die häufigsten Körperregionen stellen der Nacken, der obere und untere Rücken sowie als auch die Knie und die Fußknöchel dar (Attarchi 2014). Mögliche Ursachen sind das Heben schwerer Lasten und das Verharren in unbequemen Positionen über einen längeren Zeitraum z. B. bei Verbandswechsel und diversen grundpflegerischen Tätigkeiten. Steht zu wenig Personal zur Unterstützung zur Verfügung, verschärft dies die Situation zusätzlich. Weibliche Pflegende, die über einen längeren Zeitraum von ca. 20 Jahren im Nachtdienst arbeiten, tragen ein größeres Risiko eine Fraktur in Folge einer Osteoporose zu erleiden. Ursachen hierfür sind u. a. eine mangelnde Aufnahme von Vitamin D über die Sonneneinstrahlung und hormonelle Veränderungen (Feskanich 2009).

4.1.4 Schichtdienst und Krebs

Eine Vielzahl von Studien hat sich mit dem Zusammenhang vom Arbeiten im Schichtdienst und Krebs auseinandergesetzt. Die Ergebnisse sind allerdings widersprüchlich. So verhärtet sich auf der einen Seite der Verdacht, dass mit zunehmenden Jahren im Schichtdienst das Brustkrebsrisiko steigt (Wang 2013). Andere Studien finden keinen Zusammenhang zwischen der Arbeit im Nachtdienst und einem steigenden Brustkrebsrisiko (Ijaz 2013). Wissenschaftler raten dennoch dazu, Frauen, die an einem Mammakarzinom litten oder aktuell an einem leiden, nicht im Nachtdienst arbeiten zu lassen, da dies das Tumorwachstum aufgrund einer Unterdrückung der Melatoninausschüttung beschleunigt (Bonde 2013).

Frauen, die über einen längeren Zeitraum im Schichtdienst mit Nachtdiensten arbeiten, haben zudem ein erhöhtes Risiko an Gebärmutterkrebs zu erkranken. Dieses Risiko wächst mit zunehmenden Übergewicht (BMI>30) (Viswanathan 2007). Forscher haben außerdem einen Zusammenhang zwischen dem Arbeiten im Schichtdienst und dem Risiko an Darmkrebs zu erkranken, hergestellt. Auch hier gilt: Desto länger eine Pflegende im Schichtdienst gearbeitet hat, umso größer ist das Risiko zu erkranken (Schernhammer 2003).

Laut einer aktuellen Studie sterben Pflegende, die über 15 Jahre im Schichtdienst arbeiten zu 25% häufiger an Lungenkrebs (Gu 2015).

4.1.5 Verletzungen

Pflegenden, die im Wechselschichtsystem und nachts arbeiten, tragen ein höheres Risiko sich zu verletzen. Häufige Ursachen sind u. a.

Konzentrationsstörungen, Müdigkeit, das Nebeneinanderlaufen komplexer Maßnahmen und Personalengpässe.

So steigt die Häufigkeit von Nadelstichverletzungen (Wang 2013).

- bei zunehmender Schichtlänge,
- desto mehr Wochenenden im Monat gearbeitet werden,
- bei Arbeiten in Wechselschicht statt Tagschicht,
- bei mehr als 13 Tage Arbeit am Stück.

Die Folgen von Nadelstichverletzungen können verheerend sein. z. B. Infektionen mit HIV oder Hepatitis.

Das relative Unfallrisiko nimmt von der Früh- über die Spät- bis in die Nachtschicht zu. Desto mehr Nächte gearbeitet werden, umso größer das Unfallrisiko mit jeder hinzu kommenden Nacht.

Die Empfehlungen gehen aus dieser Sicht klar in Richtung Reduktion der täglichen und nacheinander folgenden Arbeitszeit (Trinkoff 2007).

■ Katastrophen in der Nachtschicht

Viele historische Katastrophen haben während einer Nachtschicht stattgefunden:

- **Tschernobyl:** Die Mitarbeiter des Atomkraftwerks wollten am 25.04.1986 im Reaktorblocks 4 testen, ob die Stromproduktion auch bei abgeschalteten Turbinen bis zum Einschalten der Notstromaggregate ausreiche. Die Testreihe hatte fatale Folgen, deren konkrete Ursachen bis heute ungeklärt sind. Das neben Fukushima prominenteste Reaktorunglück ereignete sich nachts.
- **Three-Mile-Island:** Die Mitarbeiter des US-amerikanischen Atomkraftwerks hätten am 28.03.1979 vermutlich eine Katastrophe verhindern können. Mitunter durch eine reduzierte Reaktionsgeschwindigkeit ereignete sich aber eine Kernschmelzung in Reaktorblock 2.
- **Exxon Valdez:** Am 24.03.1989 lief der Öltanker Exxon Valdez vor Alaska auf ein Riff auf. Eine verheerende Ölpest war die Folge. Eine Katastrophe, die auch auf die Übermüdungserscheinungen des stellvertretenden Kapitäns zurückzuführen ist.

4.2 Psychische Beschwerden

Nicht nur die Tatsache häufig mit Patientenschicksalen und weiteren belastenden Ereignissen konfrontiert zu werden, wirkt sich ungünstig auf die psychische und seelische Gesundheit aus. Eine Störung des zirkadianen Rhythmus im Rahmen einer rotierenden Wechselschicht oder im Nachtdienst hinterlässt auch deutliche Spuren. Die geistige Gesundheit leidet aufgrund des Schichtdiensts (Bara 2009). Die Arbeit im Schichtdienst hat Auswirkungen auf die Kognition, Gedächtnisleistung und Denkvermögen und hat damit auch einen Effekt hinsichtlich eines erhöhten Unfallrisikos (Marquie 2014; ▶ Abschn. 11.4).

Da psychische Veränderungen und Beschwerden oftmals schleichend vorangehen, ist es hilfreich rechtzeitig über die hervorstechendsten psychischen Symptome und Erkrankungen informiert zu sein. Dies kann helfen rechtzeitig die Reißleine zu ziehen und einen gesundheitsförderlichen Schirm aufzuspannen, der das Fortschreiten einer ernstzunehmenden Erkrankung des Geistes auffängt.

Zeitweise manifestiert sich eine psychische Belastung durch den Schichtdienst auch in körperlichen Beschwerden. Dazu zählen u. a. Kopfschmerzen, Verspannungen, Bauchschmerzen, Obstipation oder eine physische Abgeschlagenheit.

Solche Symptome sollten Sie immer ernst nehmen.

4.2.1 Schlafstörungen

Schichtdienst beeinflusst maßgeblich die innere Uhr. Wechsel- und Nachtschichten, die die eigenen Schlafgewohnheiten boykottieren und den persönlichen Chronotyp außer Acht lassen, wirken sich umso verheerender auf die subjektive Schlafqualität aus (Ohida 2001). Eine sinkende Schlafqualität hat wiederum eine reduzierte Lebensqualität zur Folge (Castilho 2014).

Eine Schlafstörung liegt grundsätzlich dann vor, wenn der persönliche Schlaf von einem gesunden Schlaf abweicht. Können Störungen des Schlafs z. B. Licht, Lärm und unbequeme Bettwaren nicht mittels Prävention, Information und Beratung zur gesunden Schlafhygiene behoben werden, bedarf es einer Abklärung der Ursache. In diesen Fällen hilft ein Schlaftagebuch bei der ärztlichen

Ursachenforschung. Dieses sollte über einen Zeitraum von ca. 2–4 Wochen geführt werden, um einen konkreten Zusammenhang zwischen der Schichtarbeit und dem veränderten Schlafverhalten aufzeigen zu können. Ein Schlafprotokoll stellt eine sinnvolle Maßnahme dar, um seinen Tagesablauf und sein Schlafverhalten besser kennenzulernen (▶ Abschn. 5.2).

Schlafstörungen können akut oder chronisch sein. Eine akute Schlafstörung dauert nicht länger als 3 Monate an und ist auf eine Ursache zurückzuführen. Mit Behebung oder Therapie dieser Ursache verschwindet auch die Schlafstörung. Dauert eine Schlafstörung länger als 3 Monate an, spricht man von einer chronischen Schlafstörung. Hier ist teilweise keine Ursache mehr erkennbar, was wiederum die Behandlung erschwert.

Schlafstörungen im Schichtdienst lassen sich häufig in den Hauptgruppen der Schlafstörungen gemäß der Internationalen Klassifikation von Schlafstörungen unter den Störungen der zirkadianen Rhythmik einordnen (Thorpy 2012). Hier kann sowohl die Schlafqualität als auch die Schlafquantität beeinträchtigt sein. Daneben kann eine Schlaflosigkeit (Insomnie) oder eine verstärkte Tagesschläfrigkeit (Hypersomnie) auftreten (DGUV 2012). Pflegende, die früher im Nachtdienst tätig waren oder aktuell nachts arbeiten, leiden häufiger unter chronischer Müdigkeit und Schlaflosigkeit (Oyane 2013). Eine bestehende Schlafproblematik kann durch das Arbeiten im Schichtdienst noch verschärft werden. Die Tagesschläfrigkeit kann mittels der Epworth-Sleepiness-Skala ermittelt werden (Johns 1991).

Pflegende leiden nicht selten an einem Schichtarbeitersyndrom. Darunter wird eine Mischform von schlaflosen Episoden und erhöhter Tagesschläfrigkeit bei gleichzeitigen Ein- und Durchschlafstörungen und somatischen Auswirkungen wie Magen-Darm-Beschwerden aufgrund der Arbeit im Schichtdienst verstanden (Rodenbeck 2010). Das frühzeitige Erkennen dieses Syndroms und ein Management der Dienstzeiten an den persönlichen Chronotyp und den Schlaf-Wach-Rhythmus, eine Verbesserung der Schlafhygiene sowie als auch Prävention, Information und Beratung sind einige Bausteine, um die vielfältigen Faktoren, die zur Entstehung dieses Syndroms beitragen, zu behandeln (Roth 2012). Präventive Angebote zur Vermeidung einer Schlafstörung würden somit die Lebensqualität der Mitarbeiter im Gesundheitswesen erhöhen (Bajrakterov 2011).

Auch nach langer Arbeit im Nacht- und Schichtdienst wird sich ihr Körper nie vollständig an die unregelmäßigen Wach- und Schlafzeiten gewöhnen (DGUV 2012).

4.2.2 Sucht in der Pflege

Das Arbeiten in einem stressreichen Arbeitsumfeld steigert das Suchtrisiko. So geben ca. 40% der Pflegenden in einer Studie an, einen bis zu drei Personen aus dem Arbeitsumfeld zu kennen, bei denen Sucht bereits ein Thema war oder ist (Schüßler 2012). Pflegende greifen dabei nicht nur zur Zigarette sondern auch zu Alkohol und Medikamenten. Die Griffnähe zu Arzneimitteln, die mit einer schnellen Abhilfe bei Schlafstörungen locken, ist ein ausschlaggebender Faktor.

...ein Feierabendbier hilft...

Rettungssanitäter Robert kennt einen Arbeitskollegen, der ihm bereits mehrfach empfohlen hat, nach einem Nachtdienst ein »Beruhigungsbier« als Einschlafhilfe zu trinken. Er selbst überlegt hingegen, einfach mal eine Schlaftablette zu nehmen.

Die Einnahme von Schlaftabletten ist neben dem Abhängigkeitsrisiko auch mit einem erhöhten Unfallrisiko verbunden. Der Überhang kann die Konzentration schmälern. Dadurch werden Fehler provoziert und die Verletzungsgefahr gesteigert.

Das Ergebnis einer australischen Erhebung: 20% der Pflegenden nahmen im Untersuchungszeitraum verschreibungspflichtige Schlafmittel ein, 44% griffen mindestens einmal als Einschlafhilfe zum Alkohol (Dorrian 2011).

Aus der »Empfehlung zum Umgang mit abhängigkeitserkrankten Mitarbeitern im Krankenhaus« geht hervor, dass Pflegende bei einem solchen Verdacht umgehend ihre Vorgesetzten oder einen zuständigen Suchtexperten zu informieren haben. Es sollte nicht versucht werden, das Problem selbst zu lösen, da eine Suchterkrankung eine ernst zu nehmende psychische Erkrankung darstellt, die einer Behandlung bedarf. Insbesondere bei Belegen für ein kriminelles Handeln muss umgehend agiert werden (BDA 2010).

Neben regionalen Beratungsstellen kann es sich lohnen Informationen über folgende Selbsthilfegruppen, Behandlungs- und Beratungsstellen einzuholen.

Selbsthilfegruppen, Behandlungs- und Beratungsstellen
- Aktionsbündnis Nichtrauchen e.V: www.abnr.de
- Bundeszentrale für gesundheitliche Aufklärung (BzgA): www.bzga.de
- Anonyme Alkoholiker (AA): www.anonyme-alkoholiker.de
- Deutsche Hauptstelle für Suchtfragen (DHS): www.dhs.de
- www.drugcom.de
- Blaues Kreuz in Deutschland e.V.: www.blaues-kreuz.de

Für Tabakkonsumenten bietet sich der Fakerström-Test an. Mit ihm kann der Schweregrad der Nikotinabhängigkeit ermittelt werden. Große Bedeutung kommt der Tabakprävention und Raucherentwöhnung bereits in der Pflegeausbildung zu (Claßmann 2013).

4.2.3 Burnout, Depression und Ängste

Unter Burnout (Ausbrennen) wird ein zunehmender Verlust physischer und psychischer Leistungsfähigkeit bei fehlenden Regenerationsfunktionen beschrieben, der in einem massiven Erschöpfungszustand mündet [▶ Buch-Tipp: Quernheim G (2010) Nicht ärgern – ändern! Springer, Heidelberg Berlin].

Bei steigender Arbeitsbelastung und fehlenden Erholungszeiten wird die Entstehung eines Burnout-Syndroms begünstigt. Steigt im Schichtdienst so z.B. aufgrund eines Personalnotstands die Arbeitszeit und werden Pflegende zum Einspringen aufgefordert, wächst das Risiko an einem Burnout zu erkranken. So zeigen laut einer Studie Pflegende, die mehr als 10 Stunden am Stück arbeiten, ein 2,5-fach erhöhtes Burnout-Risiko im Gegensatz zu ihren Arbeitskollegen, die in kürzeren Dienstzeiten tätig sind (Witkosi Stimpfel 2012).

Die Arbeit im Schichtdienst kann auch psychische Beschwerden wie Niedergestimmtheit, Depression und Angststörungen zur Folge haben (De Vargas 2011). Während Männer im Schichtdienst häufi-

Tab. 4.1 Selbsttest: Bin ich burnout-gefährdet?

	Ja	Nein
Bei meiner Arbeit werde ich ständig bis an meine Leistungsgrenze getrieben.		
Während der Arbeit bin ich von meinen Arbeitskollegen genervt.		
Mein Arbeitsplatz ist wenig beruhigend. Zeitweise treten Machtkämpfe, Mobbing und Feindseligkeiten auf.		
Ich werde für gelungene Arbeit nicht gelobt.		
Manchmal geht mir meine Arbeit einfach nicht aus dem Kopf. Ich denke oft darüber nach oder träume unbehaglich von der Arbeit.		
In meiner Freizeit kann ich mich nicht gut erholen. Ich fühle mich trotz Freizeit erschöpft.		
Freizeitaktivitäten gehe ich nur noch selten nach, weil ich mich erschöpft fühle. Hobbies rücken immer mehr in den Hintergrund.		
Ich habe Probleme mit dem Ein- und Durchschlafen.		
Mein soziales Umfeld berichtet mir neuerdings häufiger ich sei schlecht gelaunt.		
Meine Partnerschaft leidet unter meiner Arbeit.		
Auswertung: Desto mehr Fragen Sie mit »Ja« beantwortet haben, desto höher ist ihr Burnout-Risiko. Bitte beachten Sie, dass ein solcher Test keine psychologische Untersuchung ersetzen kann.		

ger zu Depressionen neigen, prägen Frauen stärker eine ängstliche Symptomatik aus (Bara 2009). Die Psyche männlicher Schichtarbeiter leidet v. a. aufgrund von Nachtdiensten. Die geistige Gesundheit von Frauen wird durch wechselnde Schichten mehr in Mitleidenschaft gezogen.

4.3 Soziale Beschwerden

Alles unter einem Hut

Altenpflegerin Tanja spürt häufig die Auswirkungen des Arbeitens im Schichtdienst auf ihr soziales Leben. Als Mutter einer 7-jährigen Tochter stößt sie immer wieder an ihre Grenzen, den Herausforderungen als Mutter und als professionell Pflegende gleichermaßen gerecht zu werden. Erschwerend kommt hinzu, dass ihr Mann auch voll berufstätig ist und von früh morgens bis spät abends aus dem Haus ist. Tanja muss so jeden Monat nach Erstellung des Dienstplans einen Zeitplan erstellen, in dem sowohl die Arbeitszeit, Zeit mit ihrer Tochter, Zweisamkeit mit ihrem Mann, die gemeinsame Zeit als Familie und viele weitere Termine berücksichtigt werden.

Das Beispiel zeigt auf, dass das soziale Leben unter der Arbeit im Schichtdienst besonderen Herausforderungen unterliegt. Ein solches Zeitmanagement erfordert bei Erstellung eine hohe Flexibilität und reduziert im Verlauf die Spontanität den Plan nach den eigenen Bedürfnissen umzustellen (▶ Abschn. 10.1).

In einem solch durchgetaktetem Zeitplan werden nicht selten soziale Kontakte vernachlässigt. Das Arbeiten an Wochenenden und an Feiertagen erschwert diese Situation, wenn Familienfeiern oder ein geselliges Zusammensein mit Freunden auf ein Dienstwochenende fallen.

Schichtdienstarbeiter erleben so nicht selten Interrollenkonflikte, die aus den unterschiedlichen Erwartungen an die persönlichen, verschiedenartigen Rollen gestellt werden. Tanja nimmt verschiedene Rollen ein. Sie ist Mutter, Lebensgefährtin, Arbeitnehmerin, Freundin und sogar evtl. in einem Verein tätig. In jeder dieser Positionen werden andere Erwartungen an Tanja gestellt. Diesen kann sie nicht immer allen gleichermaßen gerecht werden. Das Resultat: Interrollenkonflikte.

Keine Zeit!

Bei Rettungssanitäter Robert ist die Work-Life-Balance aus dem Gleichgewicht geraten. Seine Freundin beklagt die mangelnde Zeit für gemeinsame Aktivitäten. Das Beziehungsleben leidet dadurch. Aufgrund fehlender Zeit bleiben die Intimität und das Sexualleben auf der Strecke. Robert ist nach seinem Dienst manchmal so erschöpft, dass er keine Energie für seine Freundin geschweige denn seinen großen Freundeskreis aufbringen kann. Dabei hätte er eigentlich große Lust seinem Hobby, dem Modellbau, mehr Zeit zu widmen.

Fehlt Robert aufgrund der Arbeit und der unterschiedlichen Erwartungen an seine Rolle die Zeit sich ausreichend zu erholen und zu schlafen, leidet die Lebensqualität (Castilho 2014; ▶ Abschn. 5.5).

Eine erholsame Freizeit sollte Sie keine übermäßige Anstrengung, Energie oder erhöhte Konzentration kosten.

Aber auch das soziale Umfeld leidet. Müssen Familie und Freunde ständig Rücksicht auf den Dienstplan nehmen, werden diese indirekt, ohne selbst im Schichtdienst tätig zu sein, negativ beeinflusst (Rüdiger 2004).

Die Arbeit im Schichtdienst geht mit einer sozialen Desynchronisation einher (DGAUM 2006). Das Leben einer Pflegenden im Schichtdienst orientiert sich nicht an den zeitlichen Gewohnheiten der Gesellschaft, sodass die Teilhabe an dieser eingeschränkt wird. Regelmäßige Treffen z. B. in Sportvereinen sind nicht immer realisierbar und die Mitwirkung in politischen Gremien kann durch den Dienstplan beschränkt sein.

Beschwerden nicht bagatellisieren

Nehmen Sie oder Ihr Umfeld Beschwerden wahr, die aus der Arbeit im Schichtdienst resultieren, sollten Sie diese nicht auf die leichte Schulter nehmen (Beckmann 2011). Suchen Sie das Gespräch mit Ihren Vorgesetzen, Mediziner und Therapeuten. Ihre Gesundheit muss Ihnen das Wert sein.

4.4 In aller Kürze

Die Arbeit im Schichtdienst geht mit vielfältigen gesundheitlichen Belastungen einher.

Zu den körperlichen Beschwerden zählen:

- Herz- und Stoffwechselerkrankungen wie z. B. Hypertonie und Diabetes,
- Magen-Darm-Erkrankungen wie z. B. Sodbrennen, Verdauungsstörungen, Obstipation,

- Belastungen des Bewegungsapparats wie z. B. Schmerzen, Verspannungen, erhöhtes Osteoporoserisiko,
- Krebserkrankungen wie z. B. Brust- und Darmkrebs.

Neben der Physis wird die Psyche durch das Arbeiten im Schichtdienst in Mitleidenschaft gezogen. Zu den psychischen Beschwerden zählen:

- Schlafstörungen wie z. B. Ein- und Durchschlafsstörungen, Hypersomnie,
- Suchterkrankungen wie z. B. Nikotin-, Alkohol- und Tablettenabhängigkeit,
- Burnout, Depression und Angststörungen.

Auch das soziale Leben leidet. Zu den sozialen Beschwerden zählen:

- Gestörtes Familienleben z. B. mangelnde Zeit, Hintenanstellen persönlicher Bedürfnisse,
- Rollenkonflikte z. B. Rollen als Mutter, Ehefrau und Pflegende nicht immer vereinbar,
- Dysbalance der Work-Life-Balance z. B. reduzierte Freizeit, Stressspitzen während der Arbeit rauben Energie für das Privatleben.

Literatur

Afentakis A (2009) Krankenpflege – Berufsbelastung und Arbeitsbedingungen. Statistisches Bundesamt Destatis 18.08.2009. https://www.destatis.de/DE/Publikationen/STATmagazin/Gesundheit/2009_08/PDF2009_08.pdf;jsessionid=597E45FBDD383EF0A331B341AE7F7B5D.cae1?__blob=publicationFile (Letzter Zugriff: 29.01.2015)

Attarchi M, Raeisi S, Namvar M, Golabadi M (2014) Association between shift working and musculoskeletal symptoms among nursing personnel. Iranian J Nurs Midwif Research 19: 309–314

Bajraktarov S, Novotni A, Manusheva N et al. (2011) Main effects of sleep disorders related to shift work – opportunities for preventive programs. EPMA 2: 365–370

Bara AC, Arber S (2009) Working shifts and mental health – findings from the British Household Panel Survey (1995–2005). Scand J Work Environ Health 35: 361–367

Beckmann S, Wegg A (2011) Krank durch Nachtdienst? Gesundheitliche Auswirkungen für Pflegende. Heilberufe 63: 38–40

Berufsverband Deutscher Anästhesisten e.V. (BDA), Deutsche Gesellschaft für Anästhesiologie und Intensivmedizin e.V. (DGAI) (2010) Empfehlung zum Umgang mit abhängigkeitserkrankten Mitarbeitern im Krankenhaus. Anästh Intensivmed 51: 719–721

Bonde JP, Hansen J, Kolstad HA et al. (2013) Work at night and breast cancer – report on evidence-based options for preventive actions. Scand J Work Environ Health 38: 380–390

Buxton OM, Cain SW, O'Connor SP et al. (2012) Adverse metabolic consequences in humans of prolonged sleep restriction combined with circadian disruption. Sci Transl Med 4: 129ra43

Castilho Palhares V, Corrento JE, Matsubara BB (2014) Association between sleep quality and quality of life in nursing professionals working rotating shifts. Rev Saúde Pública 48: 594–601

Claßmann S (2013) Wie den Tabakkonsum reduzieren? Schwester Pfleger 52: 512–515

De Vargas D, Dias APV (2011) Depression prevalence in Intensive Care Unit nursing workers: a study at hospitals in a northwestern city of São Paulo State. Rev Latino-Am Enfermagem 19: 1114–1121

DGAUM Deutsche Gesellschaft für Arbeitsmedizin und Umweltmedizin e.V. (2006) Arbeitsmedizinische Leitlinien der Deutschen Gesellschaft für Arbeitsmedizin und Umweltmedizin e.V. Nacht- und Schichtarbeit. Arbeitsmed Sozialmed Umweltmed 41: 390–397

DGUV Deutsche Gesetzliche Unfallversicherung (2012) Schichtarbeit – Rechtslage, gesundheitliche Risiken und Präventionsmöglichkeiten. DGUV Report 1/2012, Berlin

Dorrian J, Paterson J, Dawson D et al. (2011) Sleep, stress and compensatory behaviors in Australian nurses and midvives. Rev. Saúde Pública 45: 922–930

Esquirol Y, Perret B, Ruidavets JB et al. (2011) Shift work and cardiovascular risk factors: New knowledge from the past decade. Arch Cardiovasc Diseas 104: 636–668

Feskanich D, Hankinson SE, Schernhammer ES (2009) Night shift work and fracture risk: The nurses' health study. Osteoporos Int 20: 537–542

Gu F, Han J, Laden F, Pan A et al. (2015) Total and cause-specific mortality of U.S. nurses working rotating night shifts. Am J Prev Med: www.ajpmonline.org/article/S0749-3797(14)00623-0/pdf (Letzter Zugriff: 29.01.2015)

Holmes AL, Burgess HJ, McCulloch K et al. (2001) Daytime cardiac autonomic activity during one week of continuous night shift. J. Human Ergol 30: 223–228

Ijaz S, Verbeek J, Seidler A et al. (2013) Night-shift work and breast cancer – a systematic review and meta analysis. Scand J Work Environ Health 39: 431–447

Johns MW (1991) A new method for measuring daytime sleepiness: The Epworth Sleepiness Scale. Sleep 14: 540–545

Knutsson A, Boggild H (2014) Gastrointestinal disorders among shift workers. Scand J Work Environ Health 36: 85–95

Knutsson A, Kempe A (2014) Shift work and diabetes – a systematic review. Chronobiol Int 31: 1146–1151

Koh S-J, Kim M, Oh DY et al. (2014): Psychosocial Stress in Nurses With Shift Work Schedule Is Associated With Functional Gastrointestinal Disorders. J Neurogastroenterol Motil 20: 516–522

Marquié JC, Tucker P, Folkard S, Gentil C, Ansiau D (2014) Chronic effects of shift work on cognition : findings from VISAT longitudinal study. Occup Environ Med doi:10.1136/oemed-2013-101993 (Letzter Zugriff: 29.01.2015)

Nagai M, Morikawa Y, Kitaoka K et al. (2011) Effects of fatigue on immune function in nurses performing shift work. J Occup Health 52: 312–319

Ohida T, Kamal A, Sone T et al. (2001) Night Shift Work Related Problems in Young Female Nurses in Japan. J Occup Health 43: 150–156

Oyane NMF, Pallesen S, Moen BE, Akerstedt T, Bjorvatn B (2013) Associations Between Night Work and Anxiety, Depression, Insomnia, Sleepiness and Fatigue in a Sample of Norwegian Nurses. PLoS One 8: e70228

Pan A, Schernhammer ES, Sun Q, Hu FB (2011) Rotating Night Shift Work and Risk of Type 2 Diabetes: Two Prospective Cohort Studies in Women. PLoS Medicine 8: e1001141(12)

Rodenbeck A, Hajak G (2010) Das Schichtarbeitersyndrom. Eine systematische Übersicht zu Schlafstörungen durch Schichtarbeit. Somnologie 14: 105–110

Roth T (2012) Appropriate therapeutic selection for patients with shift work disorder. Sleep Medicine 13: 335–341

Rüdiger HW (2004) Gesundheitliche Probleme bei Nacht- und Schichtarbeit sowie beim Jetlag. Internist 45: 1021–1025

Saberi HR, Moraweji AR (2010) Gastrointestinal complaints in shift-working and day-working nurses in Iran. J Circad Rhyth 8:9

Schernhammer ES, Laden F, Speizer FE et al. (2003) Night-Shift Work and Risk of Colorectal Cancer in the Nurses' Health Study. J Nat Cancer Inst 95: 825–828

Schüßler N, Stering U, Schmidt R, Osterbrink J (2012) Suchtverhalten: Pflegende häufig betroffen. Schwester Pfleger 51: 216–221

Sfreddo C, Fuchs SC, Merlo AR, Fuchs FD (2010) Shift Work Is Not Associated with High Blood Pressure or Prevalence of Hypertension. PLoS One 5: e15250

Thorpy MJ (2012) Classification of sleep disorders. Neurotherapeutics 9: 687–701

Trinkoff AM, Le R, Geiger-Brown J, Lipscomb J (2007) Work schedule, needle use, and needlestick injuries among registered nurses. Infect Control Hosp Epidem 28: 156–164

Viswanathan AN, Hankinson SE, Schernhammer SE (2007) Night Shift Work and the Risk of Endometrial Cancer. Cancer Res 67: 10618–10622

Wang F, Yeung KL, Chan WC et al. (2013) A meta-analysis on dose-reponse relationship between night-shift work and the risk of breast cancer. Ann Oncol 24: 2724–2732

Witkosi Stimpfel A, Sloane DM, Aiken LH (2012) The longer the shifts for hospital nurses, the higher the levels of burnout and patient dissatisfaction. Health Aff (Millwood) 31: 2501–2509

Lernen Sie sich im Angesicht des Schichtdiensts kennen

J. Schmal

J. Schmal, *Ausgeschlafen? – Gesund bleiben im Schichtdienst für Gesundheitsberufe (Top im Gesundheitsjob)*,
DOI 10.1007/978-3-662-46986-6_5

Es existiert nicht ***der*** Schichtarbeiter. Jeder bringt seine persönlichen Eigenschaften in die Arbeit im Schichtdienst mit. Daher ist es von großer Bedeutung seinen persönlichen Chronotyp, sein Schlafverhalten und seine Schichtdiensttoleranz zu ermitteln. Ferner gilt es den individuellen Hang zum Präsentismus und die persönliche Work-Life-Balance zu betrachten.

Sie kennen das: Während die einen bereits morgens quietschfidel sind, kommen andere nur schwer in die Gänge. Einige stecken Nachtdienste erstaunlich gut weg. Andere gehen wiederrum bereits bei dem Gedanken daran nachts arbeiten zu müssen auf dem Zahnfleisch. Die einen achten auf ihre Gesundheit, die anderen erscheinen selbst krank zum Dienst.

Doch warum ist das so? Welche Ursachen liegen diesen Phänomenen zugrunde? In diesem Kapitel lernen Sie sich und ihre schichtdienstbezogenen Stärken und Schwächen besser kennen. Wollen Sie den gesundheitlichen Belastungen (► Kap. 4) entgegensteuern, genügt es nicht nur diese zu kennen. Vielmehr müssen Sie sich und ihr eigenes Verhalten genauer unter die Lupe nehmen.

So können Sie gesundheitsförderliche Aspekte in ihrer Lebensführung unterstreichen, während Sie der Gesundheit abträgliche Lebensweisen berücksichtigen und deren negative Effekte abmildern.

5.1 Biorhythmus und Chronotypen

Chronobiologie

Pfleger Mark ist zu Beginn des Frühdiensts immer putzmunter. Pflegerin Ute hängt während der morgendlichen Übergabe immer in den Seilen und kommt aus dem Gähnen nicht heraus.
Abends scheint es genau anders herum zu sein: Während es Mark im Spätdienst immer schwerer fällt sich zu konzentrieren, taut Ute vollends auf: Abends erreicht Sie ihr Leistungshoch.

Die Chronobiologie beschäftigt sich u. a. mit Phänomenen dieser Art. Sie ist ein interdisziplinärer Forschungszweig, der sich verschiedener Wissenschaften z. B. der Biologie, Somnologie, Psychologie und Endokrinologie bedient.

Die Chronobiologen kamen zu der Erkenntnis, dass jeder Mensch über eine innere Uhr verfügt, die maßgeblich mitbestimmt, wann wir uns wach und fit oder müde und schläfrig fühlen. Diese innere Uhr folgt über den Tag und die Nacht hinweg einem bestimmten Rhythmus und wird deshalb zirkadianer Rhythmus (lat.: in etwa um einen Tag) genannt.

Der zirkadiane Rhythmus meint also auch eine Abfolge physischer Prozesse, die im Körper während eines Tages, geschehen z. B. Temperaturschwankungen, Ausschüttung von Hormonen. Diese Abfolge ist in unseren Genen festgelegt und kann somit nicht verändert werden. Es können lediglich die Rahmenbedingungen angepasst und eine zeitweise aus dem eingespielten zirkadianen Rhythmus abweichende Tagesstruktur kompensiert werden.

Die Chronobiologen untersuchen den Schlaf-Wach-Rhythmus auch zirkadianen Rhythmus genannt.

5.1.1 Innere und äußere Zeitgeber

Unser zirkadianer Rhythmus wird von inneren (endogenen) und äußeren (exogenen) Zeitgebern beeinflusst. Die inneren Zeitgeber folgen in etwa dem Rhythmus eines 24- bis 25-h-Tages. Hauptschaltzentrale für die biologisch ablaufenden Prozesse stellt der supprachiasmatische Kern in unserem Gehirn dar (Nucleus suprachiasmaticus; SCN). Dieser wird auch als »Master-Clock« bezeichnet.

Zu den zirkadian periodisch ablaufenden Prozessen zählen:

- **Ausschüttung von Melatonin:** Das in der Zirbeldrüse ausgeschüttete Melatonin setzt die persönliche Aktivität herab. Es macht uns müde und schläfrig. Nachts ist die Konzentration von Melatonin zehnmal größer als am Tag. Die Produktion von Melatonin ist auch von den Lichtverhältnissen abhängig. Desto mehr Licht auf die Pupillen trifft, umso weniger müde machendes Melatonin wird ausgeschüttet. Ein Effekt, den man auch im Wechsel von Sommer und Winter beobachten kann. Werden die Tage im Sommer länger, sind wir weniger müde als im Winter, wenn es bereits nachmittags beginnt dunkler zu werden. Mit fortschreitendem Alter lässt die Produktion von Melatonin nach. Dies ist ein Grund weshalb Menschen im Alter weniger schlafen.
- **Ausschüttung von Glukokortikoiden:** Das in der Nebennierenrinde ausgeschüttete Hormon Cortisol ist ein aktivierendes Stresshormon. Cortisol wird bereits in den letzten Stunden vor dem Aufwachen gebildet. Es soll den Körper auf das wach werden vorbereiten. Der Kreislauf wird durch Cortisol in Schwung gebracht. Der maximale Cortisol-Spiegel liegt ca. zwischen 6 und 9 Uhr.
- **Ausschüttung von Katecholaminen:** Adrenalin und Noradrenalin werden vermehrt während des Tages ausgeschüttet. Das Hoch der Stresshormonproduktion liegt in den Nachmittagsstunden. Mit nachlassender Ausschüttung werden wir müde und leistungsträger. Die Folge sind u. a. nächtliche Einbußen in der Reaktionsfähigkeit.
- Außerdem unterliegt unsere **Körpertemperatur** zirkadianen Schwankungen. Mit Beginn der Nacht sinkt die Körpertemperatur. Arbeiten Sie nachts werden Sie daher eher frieren. Zum Morgen hin steigt die Körpertemperatur wieder auf ihr normales Niveau.

Zu den äußeren (externen) Zeitgebern zählt v. a. der Tag-Nacht-Wechsel.

Wenn morgens die Sonne auf- und abends wieder untergeht, gibt uns dieses Signal in Form von Licht von außen eine Struktur für den Tag. Weiter zählen die sozialen Aktivitäten der Familien- und Freizeitgestaltung zu den externen Zeitgebern. Wer tagsüber beruflich tätig ist oder familiären Verpflichtungen nachgeht, passt sein Zeitmanagement automatisch an diese Termine an.

Auch die täglichen Mahlzeiten geben eine äußere Struktur vor. Frühstück, Mittag- und Abendessen stellen feste Größen in der Tagesplanung dar.

Werden die inneren und äußeren Zeitgeber miteinander synchronisiert, spricht man von Entrainment. Darunter wird eine Annäherung der inneren Uhr an die äußeren Zeitgeber verstanden. Laufen diese Prozesse synchron ab, wirkt dies gesundheitsförderlich. Ein permanentes Nebeneinanderherlaufen dieser Uhren wirkt hingegen gesundheitsschädlich. In diesem Fall spricht man auch von einer Desynchronisation.

Um eine solche Desynchronisation abzumildern, wird in der Nachtdienstphase eine Synchronisation mit der Nachtarbeit angestrebt. Dies verbessert sowohl die Stimmung, die nächtliche Leistung und die Schlafqualität und -quantität am Tag (Boudreau 2013). Bei schnell rotierenden Nachtschichten soll von einer solchen Anpassung abgesehen werden (Haus 2011).

5.1.2 Chronotypen

Die Chronobiologen unterscheiden drei große Chronotypen: Morgen- und Abendtypen sowie als auch Menschen, die weder dem einen noch dem andern Typus klar zugeordnet werden können – also neutral sind (Griefhahn 2011). Die Mehrzahl der Menschen zählt zur breiten Mitte der Neutraltypen, die keine ausgeprägten Tendenzen zu Morgen- oder Abendtypen zeigen. Jeder ca. sechste Mensch aber gehört den speziellen Formen an: Den Frühaufstehern oder auch Lerchen und den Abendtypen oder auch Eulen genannt (■ Abb. 5.1).

Dieser Vergleich mit den gefiederten Tiergattungen ist sehr passend, betrachtet man die Eigenschaften der Eulen und Lerchen.

Lerchen stehen früher auf, erleben bereits früh morgens ihr Leistungshoch, fühlen sich über den Tag hinweg (zumeist) gleich-

Abb. 5.1 Eulen und Lerchen

mäßig aktiv und werden abends schneller müde. Dies liegt auf der Hand, da sie bereits früh morgens wieder ihr Liedchen trällern wollen.

Eulen stehen später auf und laufen erst mit fortgeschrittenem Tag zu Hochformen auf. Morgens fühlen sie sich müde. Diese Müdigkeit lässt sich teilweise auch nicht über den Tag hinweg komplett abschütteln. Eulen bleiben genetisch bedingt länger wach, sodass einige unter ihnen ihre Leistungen deutlich später als Lerchen abrufen können. Ihr Leistungshoch liegt eher in den Nachmittags-, Abend- oder sogar Nachtstunden.

Während jüngere Menschen sich vermehrt zu den Eulen zählen, finden sich unter den Lerchen häufiger ältere Menschen. Dies kann einer der Gründe sein, weshalb Pflegerin Ute früh morgens noch müde ist, während Pfleger Mark gegen Abend und v. a. im Nachtdienst vermehrt Konzentrationseinbußen erfährt. Ein weiterer wäre die genetische Disposition zu einem dieser Typen.

Eule oder Lerche?

Testen Sie es mit dem Fragebogen: Tab. 5.1.

Praxistipp

Ausführliche Tests um zu überprüfen ob Sie eine Eule oder eine Lerche sind, finden Sie im Internet:

- Munich Chronotyp Questionnaire (Ludwig Maximilians Universität München);
- Fragebogen zum Chronotyp (D-MEQ) (Leibnitz Institut für Arbeitsforschung an der TU Dortmund).

Tab. 5.1 Bin ich eine Eule oder eine Lerche? (Mod. nach: LMU, München und Leibnitz Institut, Dortmund)

Nr.	Frage	Antwortmöglichkeit	Punkte
1.	Eule oder Lerche: Wie würden Sie sich einschätzen?	Ich bin eine Lerche	0
		Ich bin eine Eule	4
		Ich bin keines von beidem	2
		Ich bin eher eine Eule	3
		Ich bin eher eine Lerche	1
2.	Stellen Sie sich vor, sie dürften frei entscheiden, wann sie eine Aufgabe erledigen sollten, die eine hohe Konzentration von Ihnen abverlangt. Wann wäre ihr persönliches Leistungshoch für eine solche Aufgabe?	6 bis 9 Uhr	0
		9 bis 12 Uhr	2
		12 bis 15 Uhr	3
		15 bis 18 Uhr	4
		18 bis 21 Uhr (oder später)	4
3.	Fällt es Ihnen leicht morgens aufzustehen?	Ja	0
		Nein	4
4.	Stellen Sie sich vor, Sie hätten morgen frei. Würden Sie nun länger wach bleiben als wenn Sie einen Frühdienst hätten?	Ja	4
		Nein	0

Tab. 5.1 (Fortsetzung)

Nr.	Frage	Antwortmöglichkeit	Punkte
5.	Benötigen Sie einen Wecker um morgens aufzustehen?	Ohne einen Wecker würde ich garantiert lange schlafen	4
		Der Wecker dient nur der Sicherheit, in aller Regel stehe ich von selbst auf	2
		Ich stehe meistens vor dem Wecker auf	0

Auflösung:
0–4 Punkte: Lerche
Sie sind ein Morgentyp. Sie sind morgens bereits leistungsbereit, wenn andere noch in den Startlöchern stehen. Nutzen Sie die Vorteile ihres Chronotyps und beherzigen Sie die schädlichen Auswirkungen eines »Eulen-Lebens«. Sie haben eher Probleme mit Spät- und Nachtschichten. Berücksichtigen Sie dies bei der Dienstplangestaltung.
5–15 Punkte: Moderates Mittelfeld
Sie befinden sich wie der Großteil der Bevölkerung im Mittelfeld. Desto näher Sie an die Punktzahlen der Abend- bzw. Morgentypen heranreichen, zeigen Sie Tendenzen zu den speziellen Chronotypen. Ein weiterer ausführlicher Test sollte Ihnen Sicherheit verschaffen.
16–20 Punkte: Eule
Sie sind ein Abendtyp. Sie kommen erst später am Tag in die Gänge. Hier können Sie jedoch aus den vollen ihres Leistungsniveaus schöpfen. Nutzen Sie die Vorteile ihres Chronotypen im Schichtdienst und reduzieren Sie das Leben als Lerche auf ein Minimum.

Empfehlungen für Eulen und Lerchen

Wenn Sie ihren Chronotypen ermittelt haben, sollten Sie diese Erkenntnisse im Rahmen einer gesunden Lebensführung in ihrer Alltags- und Schichtdienstplanung berücksichtigen.

Informieren Sie ihre Leitung bezüglich ihres Chronotypen, sodass dieser in der Dienstplangestaltung Berücksichtigung findet (Janning 2008).

Hilfe, ich bin eine Eule…

- … Spät- und Nachtdienst werden von Ihnen besser toleriert.
- … Gehen Sie mehreren Frühdiensten nach, sammeln Sie ein gehöriges Schlafdefizit an. Die Folgen: Konzentrations-

einbußen, vermehrte Tagesschläfrigkeit, Erschöpfungszustände.
- ... Vermeiden Sie ein Lerchen-Leben. Stehen Sie zu früh auf, werden Sie noch müde sein. Liegen Sie früh im Bett, werden Sie nicht so gut einschlafen können.
- ... Ist Ihr Partner eine Lerche sollte er genauso wie Sie den gegensätzlichen Chronotyp respektieren und nicht versuchen Sie »umzupolen«.

Hilfe, ich bin eine Lerche…
- … Frühdienste werden von Ihnen besser toleriert.
- … Absolvieren Sie mehrere Nachtdienste, können Sie ein aufkommendes Schlafdefizit nicht ausgleichen, da Sie tagsüber nicht so lange schlafen können. Die Erschöpfung und Müdigkeit wird ihre Leistung und ihre Gesundheit reduzieren.
- ... Vermeiden Sie ein Eulen-Leben. Bleiben Sie morgens länger im Bett liegen, wird Ihr Leistungsniveau leiden. Bleiben Sie abends länger wach, reduzieren Sie Ihre nächtliche Schlafenszeit, da Sie am nächsten Morgen früher wach werden.
- ... Ist Ihr Partner eine Eule sollte er, genauso wie Sie, auf den Chronotyp Rücksicht nehmen.

Den persönlichen Chronotyp bei der Dienstplangestaltung zu vernachlässigen, ist ihrer persönlichen Leistung und Gesundheit abträglich. Dies gefährdet wiederrum die Patientensicherheit.

5.2 Kurz- oder Langschläfer

…ich bin so müde…

Ute schläft gerne lang und ausgiebig. An freien Tagen schläft sie gerne bis zu 10 Stunden. Dann fühlt sie sich erst vollkommen ausgeruht. Mark braucht weniger Schlaf und steht gerne früh auf. Manchmal reichen ihm bereits 6 Stunden Schlaf.

Einige Menschen sind Kurz- andere wiederrum Langschläfer. Nun sollte man nicht den Fehler begehen und Langschläfern Faulheit oder Kurzschläfern Fleiß attestieren. Wie viel Schlaf wir benötigen ist – neben anderen Faktoren – zum Teil genetisch bedingt, zum Teil von äußeren Zeitgebern beeinflusst. So schlafen wir z. B. im Winter, wenn das Sonnenlicht spärlicher ist, länger als im Sommer.

Im Schnitt benötigen Menschen ca. 8 Stunden Schlaf. Für einen Kurzschläfer würde es allerdings qualvoll sein, so lange im Bett zu liegen. Ein Langschläfer wäre nach 8 Stunden hingegen noch immer nicht ausgeruht. Daher gilt eine Schlafdauer zwischen 5–10 Stunden als normal.

Einige Menschen geben an, weniger Schlaf als fünf Stunden zu benötigen. Diesen Leuten spielt ihr Organismus häufig einen Streich. Untersuchungen im Schlaflabor haben ergeben, dass Menschen, die behaupten wenig Schlaf zu benötigen ohne ihr Wissen eingenickt sind und so doch ein normales Schlafpensum erzielten. Der Grund: Schlafphasen unter 20 Minuten werden nicht wahrgenommen und die Zeitwahrnehmung während der Nacht funktioniert nicht tadellos. Wer nachts also scheinbar schlaflos im Bett liegt und in regelmäßigen Abständen auf die Uhr sieht und meint nicht geschlafen zu haben, kann nicht zu 100% ausschließen nicht doch (wenn auch nur kurz) geschlafen zu haben (Spork 2007).

▪ Kurz- oder Langschläfer?

Testen Sie es mit dem Fragebogen: ◘ Tab. 5.2.

❯ Bleiben Sie ihrem Schlaftyp treu. Aus einem Lang- wird kein Kurz- und aus einem Kurz- kein Langschläfer. Arrangieren Sie sich mit ihrer Familie und ihrer Arbeit, da sonst ihre Gesundheit und ihre Leistungsbereitschaft leidet.

▪ Schlafquantität und -qualität

Ihr Schlaf lässt sich im Grunde anhand zweier Kriterien bewerten: Die Schlafdauer (Quantität) und das subjektive Wohlbefinden während und nach dem Schlaf (Qualität).

Um Ihre Schlafquantität in den unterschiedlichen Schichten zu ermitteln, empfiehlt es sich ein Schlafprotokoll zu jeder Schicht zu führen. Unten ein Beispiel für ein Schlafprotokoll im Spätdienst (◘ Tab. 5.3).

Tab. 5.2 Bin ich Kurz- oder Langschläfer?

Nr.	Frage	Antwortmöglichkeit	Punkte
1.	Kurz- oder Langschläfer: Wie würden Sie sich einschätzen?	Ich bin ein Kurzschläfer	0
		Ich bin ein Langschläfer	4
		Ich bin ein Normalschläfer	2
		Ich bin eher ein Langschläfer	3
		Ich bin eher ein Kurzschläfer	1
2.	Wie viele Stunden schlafen Sie pro Nacht?	Unter 6 Stunden	0
		6–7 Stunden	1
		8 Stunden	2
		8–9 Stunden	3
		Über 9 Stunden	4
3.	Stellen Sie sich vor, Sie hätten morgen frei. Würden Sie nun länger schlafen, als wenn Sie morgen Früh- oder Spätdienst hätten?	Ja	4
		Nein	0
4.	Fühlen Sie sich fit und aktiv, wenn Sie aufgrund eines Termins (z. B. Dienst getauscht) kürzer schlafen konnten?	Ja	0
		Teils-teils	2
		Nein	4

Auflösung:
0–4 Punkte: Kurzschläfer
Sie sind eine Kurzschläfer. Wenig Schlaf reicht Ihnen in der Regel aus. Fühlen Sie sich tagsüber allerdings nicht fit, sollten Sie nachforschen, ob Sie tatsächlich ein Kurzschläfer sind oder unter einer Störung des Schlafs leiden.
5–11 Punkte: Normalschläfer
Sie sind ein Normalschläfer. Es kann vorkommen, dass Sie gerne einmal länger schlafen. Wird Ihr Schlafpensum häufiger verkürzt, leidet Ihre Leistungsfähigkeit. Sie sollten dann Ihren Schlafbedarf nachholen.
12–16 Punkte: Langschläfer
Sie sind ein Langschläfer. Während eines Dienstblocks sammeln Sie nicht selten ein Schlafdefizit an, das Sie in Ihrer Freizeit ausgleichen müssen. Ihre Familie sollte dies respektieren.

Tab. 5.3 Beispiel für ein Schlafprotokoll in der Spätschicht

Uhrzeit	Tätigkeit	Bemerkung
00:00–01:30	Lesen, Fernsehen	Unruhegefühle
01:30–07:30	Schlaf	Ruhig, kurz aufgewacht
07:30–10:00	Frühstück, Spaziergang	
10:00–12:00	Haushalt, Mittagessen	–
12:00–13:00	Einkauf, Wegezeit zur Arbeit	–
13:00–21:00	Arbeit	Belastung hoch
21:00–21:30	Wegezeit nach Hause	Erschöpfungsgefühl
21:30–22:15	Snacks und Fernsehen	Belangloses Zappen
22:15–22:45	Schlafen/Dösen	Auf dem Sofa eingenickt
22:45–00:00	Kleinere Aufräumtätigkeiten, Duschen, Telefonat mit Freundin	
Schlaf gesamt in 24 h: 6,5 h		

Als extremer Kurzschläfer sollten Sie unabhängig von der Schicht eine wöchentliche Gesamtschlafzeit von 35 h nicht unterschreiten, als extremer Langschläfer reicht diese an 70 h heran. Der Normalschläfer findet sich irgendwo in der Mitte wieder und sollte pro Woche in etwa auf ein Schlafpensum von 49 h pro Woche kommen.

Mein Schlaf im Schichtdienst

Führen Sie das Schlafprotokoll eine komplette Woche, sodass Sie ihre Gesamtschlafzeit ermitteln können. Arbeiten Sie in einem Wechselschichtsystem, müssen Sie die Dauer entsprechend anpassen.
Eine Tabelle zur Führung eines Schlafprotokolls haben Sie rasch selbst erstellt. Neben den Zeitangaben und den jeweiligen Tätigkeiten, können Sie auch Bemerkungen aufführen, sodass Sie die Qualität ihres Schlafs bewerten. So lernen Sie sich und ihren Tagesablauf besser kennen und können gesundheitsförderliche Interventionen zielgerichteter initiieren.

Mögliche Erkenntnisse und Fragestellungen an das Schlafprotokoll:

- Erreichen Sie ihre wöchentliche Gesamtschlafzeit?
- Welche Schulnote würden Sie ihrem Schlaf geben? Warum?
- In welchen Schichten bzw. Schichtfolgen tritt am häufigsten Schlafmangel auf?
- Welche Änderungsmöglichkeiten sehen Sie? Was kann ihr Arbeitgeber tun? Was können Sie an ihrem Freizeitverhalten ändern?

Praxistipp

Im Internet finden Sie eine große Auswahl an Vorlagen. Auf der Homepage der Deutschen Gesellschaft für Schlafforschung und Schlafmedizin (DGSM) steht Ihnen darüber hinaus das Abend-Morgen-Protokoll kostenlos zur Verfügung. Mit Hilfe dessen können Sie sich ein umfassendes Bild von ihrem Schlaf-Wachverhalten machen (DGSM 2007).

5.3 Schichtdiensttoleranz

Spät-Früh – mein Grauen!

Ute steckt die Schichtarbeit gut weg. Wechselnde Schichten machen ihr nicht wirklich etwas aus. Mark hingegen ist nach einem Spät-Früh-Wechsel immer immens geschlaucht.

Ob wir den Schichtdienst gut aushalten oder ob wir unter ihm mehr als andere leiden, ist von der Schichtdiensttoleranz abhängig. Je toleranter, umso besser wird die Schichtarbeit vertragen. Desto geringer die Schichtdiensttoleranz, umso mehr macht uns die Arbeit im Wechsel zu schaffen. Doch was ist das Maß für eine hohe Schichtdiensttoleranz?

Forscher haben u. a. zwei Faktoren bestimmt. Zum einen das persönliche Wohlbefinden, das sich u. a. durch eine geistige Gesundheit und das Fernbleiben von Schlafstörungen zeigt. Zum anderen die physische Gesundheit, die sich u. a. im Fern bleiben von Krankheiten und Funktionseinbußen zeigt (Saksvik-Lehouillier 2014).

Desto subjektiv wohler wir uns mit der Arbeit im Schichtdienst fühlen und desto weniger gesundheitliche oder soziale Einbußen wir durch die Schichtarbeit erleben, umso größer ist unsere Schichtdiensttoleranz. Dabei ist der Dienstplan ein entscheidender Indikator für die Toleranz (▶ Kap. 2).

Sind Sie mit ihrem Dienstplan zufrieden, steigt dadurch ihr Bewältigungspotenzial (Axelsson 2004).

■ **Bin ich ein Schichttyp?**

Der nachfolgende Test leitet sich aus einer norwegischen Metaanalyse ab (Skasvik 2011). Diese hat aus insgesamt 60 Studien mehrere Faktoren identifiziert, die für eine hohe Schichtdiensttoleranz sprechen:

1. Sind Sie unter 40 Jahre alt?
2. Sind Sie männlich?
3. Sind Sie ein Abendtyp, eine sog. Eule?
4. Glauben Sie die Kontrolle über sich und ihr Leben zu haben?
5. Sind Sie extrovertiert?
6. Haben Sie ein hohes Selbstwertgefühl?

Je mehr Fragen Sie mit »Ja« beantworten konnten, desto besser scheint es um Ihre Schichtdiensttoleranz bestellt zu sein.

Während man am Alter oder dem Chronotypen wenig verändern kann, sind Faktoren wie das Selbstwertgefühl durchaus beeinflussbar.

5.4 Präsentismus oder »Krank bei der Arbeit?«

Wird schon gehen!

Montag 05:30 Uhr. Pflegerin Ute hat kaum geschlafen. Die Erkältung hat sie die ganze Nacht, immer auf der Suche nach der geeigneten Schlafposition, in der ihr ein ruhiges Atmen nicht so schwer fällt, hin und her wälzen lassen.

Husten und schniefend schleicht sie nun ins Badezimmer. Sie fühlt sich krank. Nach einer Dusche und einem Kaffee wird es schon gehen, redet sich Ute ein. Krank melden steht nicht zur Debatte, da sie das spärlich besetzte Team ihrer Station nicht im Stich lassen möchte.

Eine solche oder eine ähnliche Geschichte wird den meisten Pflegenden nicht fremd sein. Präsentismus wird allgemein als das Verhalten definiert sich bei Krankheit nicht krank zu melden, sondern arbeiten zu gehen. Dieses Risiko ist unter Pflegenden im Gegensatz zu anderen Berufsgruppen beinahe viermal größer (Aronsson 2000).

Viele (wenn nicht sogar alle) waren also bereits in dem Glauben sich nicht krank melden zu dürfen, zu können oder zu wollen. Die Ursachen für diesen Irrglauben sind häufig ähnlich:

- Eigene gesundheitliche Belastungen werden nicht wahrgenommen.
- Das Gefühl in Zeiten von Personalengpässen die Station »am Laufen zu halten«, daher evtl. indirekter Druck innerhalb des Teams nicht krank werden zu dürfen.
- Angst oder Befürchtung durch Krankheit Nachteile im Job oder im Team zu erleben z. B. üble Nachrede von Faulheit, Mobbing.
- Übermäßiger berufstypischer Glaube für die Patienten verantwortlich zu sein und diese selbst in Zeiten eigener Krankheit zu pflegen.
- Allgemein ein hohes Team- und Verantwortungsbewusstsein.

Stationsleitung Ingrid möchte verhindern, dass ihre Mitarbeiter trotz Krankheit zum Arbeiten erscheinen. Der Review zum Stand der Forschung von der Bundesanstalt für Arbeitsschutz und Arbeitsmedizin gibt ihr einige Antworten, um besser mit der Thematik umgehen zu können (Steinke 2011). So können Personenkreise identifiziert werden, die vermehrt zu Präsentismus neigen:

- jüngere Mitarbeiter,
- weibliche Mitarbeiter,
- Mitarbeiter mit finanziellen Problemen oder dem Gefühl einer Arbeitsplatzunsicherheit,
- Menschen, die schlecht »Nein« sagen können,
- Menschen mit erhöhtem Pflicht- und Verantwortungsgefühl.

Auch die Organisationskultur und die Führung wirken sich auf den Präsentismus aus. Während ein positives Betriebsklima das Risiko, krank arbeiten zu gehen, reduziert, erhöht eine autoritär auftretende Führungskraft die Gefahr des Präsentismus.

In einem kleinen beinahe familiär anmutenden Krankenhaus gehen Pflegende eher krank zum Arbeiten, da sie gegenüber ihren Kollegen in dem überschaubaren Umfeld schneller das Gefühl haben, sie im Stich zu lassen.

Eine Unternehmenskultur, in der offen über das Thema Präsentismus kommuniziert wird, reduziert das Risiko des Arbeitens trotz Krankheit. Dabei ist das Team im Rahmen der gegenseitigen Fürsorge gefragt. Die Leitung sollte die Gesundheit der Mitarbeiter im Fokus haben und im Team die Thematik offen und ehrlich ansprechen.

Sie nützen bei der Arbeit niemandem etwas, wenn Sie müde, krank und schläfrig sind. Es ist mehrfach bewiesen, dass die pflegerische Qualität bei Müdigkeit nachlässt (Rogers 2008).

Wenn Sie also aus Verantwortungs- oder Pflichtgefühl meinen, trotz Krankheit zum Arbeiten gehen zu müssen, sollten Sie darüber nachdenken, inwiefern dies verantwortlich ist. Pflegende, die in Krankheitsphasen arbeiten gehen, verschlechtern nämlich ihre Allgemeinsituation zunehmend, sodass in Zukunft Leistungen weniger gut abgerufen werden können.

In der Rolle eines Freundes dem Präsentismus begegnen

Manchmal fällt es uns leichter einem Menschen, der uns nahe steht im Gegensatz zu uns selbst die richtigen Worte zu schenken. So verzeihen wir die Fehler anderer schneller als die eigenen. Wir nehmen andere zum Ausdruck der Versöhnung in den Arm; uns selbst umarmen wir im Geist allerdings kaum. Genauso verhält es sich auch mit den Ratschlägen zum Thema Präsentismus: Einem uns nahe stehenden Menschen würden wir selbstverständlich davon abraten, krank zum Arbeiten zu gehen, wir selbst schleppen uns hingegen schniefend und hustend zum Dienst. Befinden wir uns also in der Entscheidungsphase, in der überlegt wird trotz Krankheit zum Dienst zu gehen oder sich in Ruhe auszukurieren, sollten wir gedanklich in die Rolle eines guten Freundes schlüpfen.

Mein Freund und ich

Stellen Sie zwei Stühle gegenüber in den Raum. Sitzen Sie auf dem einen Stuhl, sind Sie Sie selbst mit dem Vorhaben sich krank zum Arbeiten zu schleppen. Sitzen Sie auf dem gegenüberstehenden Stuhl, schlüpfen Sie in die Rolle eines guten Freundes, dessen Rat Sie sehr schätzen.

Äußern Sie nun laut, dass Sie trotz Krankheit zum Arbeiten gehen wollen. Begründen Sie Ihr Vorhaben. Wechseln Sie dann die Position und argumentieren Sie gegen das Vorhaben trotz körperlichen Einbußen zum Arbeiten zu gehen.

Mit Hilfe der Übung nehmen Sie einen Perspektivenwechsel ein, der Ihnen erlaubt, ihr Vorhaben mit den Augen eines anderen zu sehen. Ihre Entscheidung krank zum Arbeiten zu gehen, kann damit zum Wohle ihrer Gesundheit positiv beeinflusst werden.

Wenn Sie darüber nachdenken, ob Sie krank sind, werden Sie es mit großer Wahrscheinlichkeit auch sein.

Entscheiden Sie sich bewusst und teilen Sie ihrem Arbeitgeber und ihrem Team schnellstmöglich mit, dass Sie aufgrund von Krankheit ausfallen werden. Desto früher Sie Bescheid geben, umso dankbarer ist das Team, da der krankheitsbedingte Ausfall eingeplant und ggf. kompensiert werden kann.

5.5 Work-Life-Balance

Die Work-Life-Balance meint einen Zustand in dem Arbeit und Freizeit im Einklang stehen (Abb. 5.2).

Ein Ungleichgewicht kann zum einen zu Stande kommen, wenn die Erwerbstätigkeit das soziale Leben und die Ausübung von Freizeitaktivitäten stört z. B. Überstunden, Einspringen aus dem Frei. Zum anderen, wenn das Privatleben, z. B. Trennung vom Lebensgefährten oder frischer Nachwuchs, den Nachtschlaf verkürzt.

Abb. 5.2 Work-Life-Balance

Die Leitstelle ist mein Leben

Bei Rettungssanitäter Robert ist die Work-Life-Balance augenscheinlich aus dem Gleichgewicht gebracht. Er verbringt deutlich mehr Zeit bei der Arbeit als zu Hause. Daneben investiert er im Job den größten Teil seiner Energie, sodass er sich in seiner Freizeit hauptsächlich erschöpft fühlt. Seine Lebensgefährtin ist mit der Situation unzufrieden.

Robert geht es damit wie 42% der Mitarbeiter im Gesundheitswesen, die angeben, dass das Verhältnis zwischen Beruf und Freizeit eher unausgewogen sei (DGB 2011).

Ist meine Work-Life-Balance im Gleichgewicht?

Der nachfolgende Selbsttest nimmt ihre Work-Life-Balance unter die Lupe (Tab. 5.4).

Hilfreich können unten aufgeführte Tipps sein. Banalisieren Sie allerdings nicht Ihr inneres Ungleichgewicht. Die einseitig spürbare Gravitation, hat gesundheitliche Einbußen zur Folge.

Tab. 5.4 Wie ist meine Work-Life-Balance? (Mod. nach Carlson et al. 2000)

		Stimme zu	Weder noch	Stimme nicht zu
1	Ich habe das Gefühl, dass ich im Beruf viel mehr Zeit als in meiner Freizeit investiere.			
2	Die Arbeit laugt mich öfters so sehr aus, dass ich mich in meiner freien Zeit nur noch erschöpft und müde fühle.			
3	Ich muss meinen Urlaubsplan dem Dienstplan unterordnen und kann nicht immer frei entscheiden, wann ich in den Urlaub möchte.			
4	Aufgrund meiner Arbeit vernachlässige ich Freizeitaktivitäten oder Hobbies.			
5	Ich nehme meine Arbeit häufig mit nach Hause z. B. Telefonate, Erstellen von Dienstplänen.			
6	Privater Stress z. B. Streit mit dem Partner nehme ich zum Arbeiten mit und fühle mich dadurch gestört.			
7	Ich habe häufig private und berufliche Terminüberschneidungen.			
8	Ich muss häufig kurzfristig Freizeitaktivitäten absagen, da ich länger arbeiten oder einspringen muss.			
9	Aufgrund meiner Arbeit kann ich nicht ausreichend Zeit mit meinem Partner und/oder meinen Kindern verbringen.			
10	Ich habe das Gefühl derzeit weder Arbeit noch Freizeit vollständig gerecht werden zu können.			

Auflösung Selbsttest:
Desto mehr Fragen Sie mit »Stimme zu« beantwortet habe, umso größer ist das Ungleichgewicht in ihrer Work-Life-Balance.

Tipps zur Regulation der Work-Life-Balance

- Reden Sie mit Ihrer Leitung. Evtl. können Sie eine Regelmäßigkeit in ihren Dienstplan einbetten, sodass Freizeit und Arbeit weniger häufig in Konflikt treten.
- Reden Sie mit ihrer Familie. Grenzen Sie die Ihnen am nächsten stehenden Menschen bei dieser Thematik nicht aus. Gemeinsam finden sich häufig die besseren Lösungen.
- Nutzen Sie einen bereitliegenden Wunschplan oder forcieren Sie die Einführung eines solchen. Fixieren Sie hier wichtige unverrückbare Termine.
- Lernen Sie beim Einspringen »Nein« zu sagen [▶ Albert J (2011) »Jein –Entscheidungsfindung in Gesundheitsberufen.« Springer, Heidelberg Berlin].
- Setzen sie feste wöchentliche Termine. Nehmen Sie hier ihre Hobbies oder Freizeitaktivitäten wahr.
- Lassen Sie die Arbeit bei der Arbeit. Nehmen Sie wirklich nur das Allernötigste an Arbeit mit nach Hause.
- Schaffen Sie trotz des Schichtdiensts Routinen. Sollten Sie Frühdienst haben, steht so ein gemeinsames Abendessen zur Verfügung, bei Spätdienst begleiten Sie die Kinder zur Schule etc.
- Üben Sie sich in Zeitmanagement [▶ Quernheim G (2010) »Und jetzt Sie.« Springer, Heidelberg Berlin].
- Denken Sie daran, dass auch eine Reduktion der Arbeitszeit eine Option darstellt.

5.6 In aller Kürze

Jeder Mensch ist unterschiedlich. In Anbetracht der vielfältigen Anforderungen des Schichtdiensts ist es besser, sich selbst kennenzulernen, um den Risiken gemäß seiner persönlichen Konstitutionen zu begegnen.

- Unser Körper folgt dem zirkadianen Rhythmus. Dieser wird von inneren und äußeren Zeitgebern beeinflusst.
- Laufen innere und äußere Uhr synchron spricht man von Entrainment. Im Schichtdienst kommt es zu einer Desynchronisation.

- Laut Chronobiologen werden drei große Chronotypen unterschieden: Morgentypen oder auch Lerchen, Abendtypen oder auch Eulen und die breite Mitte der Normalschläfer.
- In der Schlafforschung werden Kurz- von Langschläfern unterschieden; alles zwischen 5 und 10 Stunden gilt als normal. Durchschnittlich schlafen wir ca. 8 Stunden.
- Ob Schichtdienst gut vertragen wird, hängt u.a. auch von der Schichtdiensttoleranz ab. Die höchste Schichtdiensttoleranz haben unter 40-jährige, männliche Abendtypen, die zudem das Gefühl haben, Kontrolle über ihr Leben zu besitzen, allgemein extrovertiert sind und ein hohes Selbstwertgefühl aufweisen.
- Präsentismus ist, wenn Sie trotz Krankheit zum Arbeiten gehen. Darunter leidet aber u. a. die pflegerische Qualität. Verantwortungsbewusste Pflegende melden sich daher rechtzeitig krank.
- Die Work-Life-Balance steht für ein harmonisches Gleichgewicht zwischen Arbeit und Freizeit. Kommt die Waage aus dem Lot sind gesundheitliche Einbußen und ein Qualitätsverlust der »leichteren« Seite die Folge.

Literatur

Aronsson G, Gustafsson K, Dallner M (2000) Sick but yet at work. An empirical study of sickness presenteeism. J Epidemiol Community Health 54: 502–509

Axelsson J, Akerstedt T, Kecklund G, Lowden A (2004) Tolerance to shift work – how does it relate to sleep and wakefulness? Int Arch Occup Environ Health 77: 121–129

Boudreau P, Dumont GA, Boivin DB (2013) Circadian adaption to night shift influences sleep, performance, mood and the automatic modulation of the heart. PLOS ONE 8: e70813

Carlson DS, Kacmar KM, Williams LJ (2000) Construction and Initial Validation of a Multidimensional Measure of Work-Family-Conflict. J Vocational Behavior 56: 249–276

DGB Bundesvorstand (Hrsg) (2011) Familienbewusste Schichtarbeit. http://www.beruf-und-familie.de/system/cms/data/dl_data/46bb43dfaeb21f718933ce745e628b0f/DGB_Familienbewusste_Schichtarbeit.pdf (Letzter Zugriff: 29.01.2015)

DGSM Deutsche Gesellschaft für Schlafforschung und Schlafmedizin (2007) Abend/Morgenprotokoll. http://www.charite.de/dgsm/dgsm/downloads/fachinformationen/frageboegen/protokol.pdf (Letzter Zugriff: 29.01.2015)

Griefhahn B (2010) Morgen- und Abendtypen. DGUV Forum 4: 16–18

Haus E, Engst FM (2011) Schichtarbeit und zirkadianer Rhythmus. DGUV Forum 4: 10–13

Janning M (2008) Guter Schlaf beginnt am Arbeitsplatz. Heilberufe 7: 68–70

Leibnitz-Institut für Arbeitsforschung an der TU Dortmund. Fragebogen zum Chronotyp (D-MEQ). http://www.ifado.de/chronobiol/morgenabendtyp/index.php (Letzter Zugriff: 29.01.2015)

Ludwig Maximilians Universität München. Institut für Medizinische Psychologie. https://www.bioinfo.mpg.de/mctq/core_work_life/core/introduction.jsp?language=deu (Letzter Zugriff: 29.01.2015)

Rogers AE (2008) The effect of fatigue and sleepiness on nurse performance and patient safety. In: Hughes RG (ed) Patient safety and quality: an evidence handbook for nurses. AHRQ Publication No. 08-0043. Rockville, MD: Agency for Healthcare Research and Quality, p 509–545

Saksvik IB, Bjorvatn B, Hetland H, Sandal GM, Pallesen S (2011) Individual differences in tolerance to shift work - A systematic review. Sleep Med Rev 15: 221–235

Saksvik-Lehouillier I, Pallesen S, Bjorvatn B, Mageroy N, Folkard S (2014) Towards a more comprehensive definition of shift work tolerance. Ind Health Oct. 17 Epub ahead of print. https://www.jstage.jst.go.jp/article/indhealth/advpub/0/advpub_2014-0112/_pdf (Letzter Zugriff: 29.01.2015)

Spork P (2007) Das Schlafbuch. Warum wir schlafen und wie es uns am besten gelingt. Rowohlt. Reinbek

Steinke M, Badura B (2011) Präsentismus: Ein Review zum Stand der Forschung. Bundesanstalt für Arbeitsschutz und Arbeitsmedizin

Ernährung im Schichtdienst

J. Schmal

J. Schmal, *Ausgeschlafen? – Gesund bleiben im Schichtdienst für Gesundheitsberufe (Top im Gesundheitsjob)*,
DOI 10.1007/978-3-662-46986-6_6

Der Ernährung im Schichtdienst kommt ein großer Stellenwert zu. Basis einer gesunden Ernährung stellen die zehn Gebote der gesunden Ernährung dar. Im Nacht- und Schichtdienst gilt es darüber hinaus aber noch mehr zu beachten z. B. Zusammensetzung der Speisen, Zeit des Verzehrs, Umgang mit Genussmitteln. Ein Ernährungstagebuch kann helfen das eigene Essverhalten zu reflektieren und in Folge eine Ernährungsumstellung auf den Weg zu bringen.

»Man ist was man isst.« Das alte Sprichwort lässt sich mitunter auch auf den Alltag im Schichtdienst übertragen. Mit der richtigen Ernährung fühlt man sich nicht nur fitter sondern ist auch leistungsstärker. Zudem ist man widerstandsfähiger gegenüber äußeren Einflüssen und Stress. Während die falsche Ernährung zu Übergewicht und Folgeerkrankungen führen kann, stärkt die richtige Ernährung unser Immunsystem und damit unsere Gesundheit.

Fast-Food ist nur fast Food

Wenn man Pflegerin Ute nach ihren Essgewohnheiten fragt, muss es v. a. schnell gehen. Obwohl sie gerne kocht, ernährt sie sich zuhause häufig von Fast Food. »*Nach dem Dienst fällt es mir schwer mich aufzurappeln und lange am Herd zu stehen! Da muss es meistens ein Fertigprodukt wie eine Tiefkühlpizza sein… Außer mein Freund kocht. Allerdings kocht er immer sehr üppig und das obwohl ich manchmal keinen Hunger habe.*« Im stressigen Arbeitsalltag verzichtet sie von Zeit zu Zeit auf eine Mahlzeit. Dafür greift sie immer wieder auf den stationseigenen Süßigkeitenvorrat zurück, der regelmäßig von dankbaren Patienten aufgefüllt wird.

Der richtige Zeitpunkt ist wichtig für eine gesunde Ernährung. Die Mahlzeiten sollten sinnvoll über den Tag verteilt sein. Ein ständiger Griff zu Naschereien lässt die Insulinkonzentration in unserem Blut stetig ansteigen.

Werden Mahlzeiten hingegen ausgelassen, können Heißhungerattacken die Folge sein. Diäten, die eine asketische Lebensführung mit Verzicht auf bestimmte Lebensmittel fordern, führen nicht selten zum berühmt-berüchtigten Jo-Jo-Effekt.

Das Arbeiten im Schichtdienst stellt in Sachen gesunder Ernährung eine wirkliche Herausforderung dar. Schichtdienst verursacht Stress und stört das Familienleben, sodass regelmäßige Essenszeiten kaum realisierbar sind.

Nachts, wenn die Mehrheit der Menschen ruhig schläft, schlummert auch unser Magen. Er befindet sich im Ruhemodus. Schwer verdauliche Lebensmittel können nicht ausreichend verarbeitet werden. Dies stellt ein Dilemma dar, wenn man bedenkt, dass auch während der nächtlichen Arbeit Energie benötigt wird, um den Herausforderungen im Nachtdienst gewachsen zu sein. Aufgrund dieser Gründe ist es wichtig, sich über seine eigenen Essgewohnheiten bewusst zu werden, sich mit dem Thema gesunder Ernährung auseinanderzusetzen und die Eckpfeiler gesunder Ernährung in den Alltag zu integrieren.

6.1 Das Ernährungstagebuch

Ein Ernährungstagebuch kann Ihnen helfen, ihre Ernährungsgewohnheiten zu analysieren. Oftmals erkennen wir ein Problem erst dann, wenn wir es »schwarz auf weiß« vor Augen haben. In einem Ernährungstagebuch werden alle zugeführten Mahlzeiten und Zwischenmahlzeiten aufgelistet. Das opulente Frühstück taucht im Detail genauso auf wie der praktisch achtlos nebenbei gegessene Schokoriegel. Die ◘ Tab. 6.1 zeigt ein Beispiel für ein solches Ernährungstagebuch. Ute kann so erkennen wann sie etwas gegessen hat,

Tab. 6.1 Utes Ernährungstagebuch

Tag: Montag, der 21.07.14		Dienst: Spätdienst (13:00-21:15 Uhr)	
Wann?	Was gegessen?	Wie zubereitet?	Warum gegessen?
09:30 Uhr	Frühstück, 2 helle Brötchen mit Schinken, Käse und Marmelade	Zuhause zubereitet	Morgendliches Ritual
12:00 Uhr	Mittagessen, 250 g Nudeln mit Fertigsoße aus der Tüte und Parmesankäse	Zuhause zubereitet	Schnell vor dem Spätdienst noch etwas essen
14:00 Uhr	1 Stück Kuchen	Von Mitarbeiterin	Teambesprechung
15:30 Uhr	Zwei Handvoll Gummibärchen im Vorbeigehen	Im Stationszimmer, selbst mitgebracht	Kein Grund, Gummibärchen waren einfach da
16:30 Uhr	Schokolade ca. 1 Rippchen bei kurzem Gespräch	Im Stationszimmer, von Mitarbeiterin	Nervennahrung
18:30 Uhr	Zwei Brote mit Wurst und ein Pudding (schnell)	Mitgebracht	Gefühl Abendessen zu müssen, Hunger?
21:30 Uhr	Fleischküchle mit Spätzle, Gemüse und brauner Soße	Gekocht von Freund	Bedürfnis des Freundes nach gemeinsamen Abendessen
22:30 Uhr	Eine halbe Tüte Chips vor dem Fernseher	Fertigprodukt	Bedürfnis nach Entspannung, Abschalten

was auf dem Speiseplan stand, wie es zubereitet wurde und warum sie denn überhaupt gegessen hat.

Vorteilhaft ist es sich den entsprechenden Dienst zu notieren. So können Sie dienstspezifisch ihre Gewohnheiten hinterfragen und dadurch verbessern.

Utes Ernährungstagebuch

Überlegen Sie:

- Was kann Ute aus ihrem Tagebuch ablesen?
- Was kann sie daraus lernen?
- Welche Entscheidungen sollte sie treffen?
- Welche Tipps würden Sie ihr geben?

Ein Ernährungstagebuch ist dann sinnvoll, wenn sie ihre eigenen Ernährungsgewohnheiten hinterfragen und langfristig ändern wollen. Am besten führen Sie es für eine ganze Woche. Achten Sie dabei darauf, dass alle Dienstarten vertreten sind.

Und ganz wichtig: Seien Sie ehrlich zu sich selbst!

6.2 Gesunde Ernährung im Schichtdienst: Wie geht das?

Nachdem Ute über einen Zeitraum von einer Woche ihre Essgewohnheiten protokolliert hat, möchte sie genauer erfahren, was sich hinter einer gesunden Ernährung im Schichtdienst verbirgt.

6.2.1 Die zehn Gebote gesunder Ernährung

Die Deutsche Gesellschaft für Ernährung e.V. hat zehn goldene Regeln für eine genussvolle und gesunde Ernährung formuliert (DGE 2013):

1. **Lebensmittelvielfalt genießen:** Greifen Sie bei Ihrer Ernährung auf unterschiedliche Lebensmittel zurück. Vorzugsweise sollten pflanzliche Produkte auf den Tellern landen.

2. **Getreide und Kartoffeln:** Sie sollten mindestens 30 g Ballaststoffe pro Tag zu sich nehmen. Bevorzugen Sie dabei Vollkornprodukte.
3. **5-mal Obst und Gemüse:** Sie sollten jeden Tag 5 Obst- und Gemüseprodukte zu sich nehmen. Ihr Körper dankt es Ihnen: Mit den zugeführten Vitaminen, Mineral- und Ballaststoffen verbessern Sie ihre Gesundheit.
4. **Tierische Lebensmittel:** Essen Sie Fleisch und Wurst nur in Maßen (max. 300–600 g/Woche), Fisch sollte dagegen einmal wöchentlich auf der Speisekarte stehen, (pflanzliche) Milchprodukte sollten täglich verzehrt werden.
5. **Reduzieren Sie fettreiche Lebensmittel:** 60–80 g Fett reichen Ihnen am Tag. Achten Sie deshalb auf versteckte Fette und verwenden Sie pflanzliche Öle (z. B. Raps- oder Sojaöl).
6. **Salz und Zucker:** Statt mit übermäßig viel Salz zu würzen, üben Sie sich in Kreativität und nutzen Sie andere Gewürze. Reduzieren Sie den Konsum von Zucker auf ein Minimum (z. B. zuckerhaltige Getränke)
7. **Trinken, trinken, trinken:** Führen Sie Ihrem Körper jeden Tag mindestens 1,5 l Flüssigkeit zu. Am besten greifen Sie zur Wasserflasche oder zu ungesüßten Tees. Zuckerhaltige oder alkoholische Getränke sollten wegen ihrer gesundheitsbeeinträchtigenden Wirkung auf ein Minimum beschränkt werden.
8. **Garen vor Kochen:** Bereiten Sie Ihre Mahlzeiten schonend zu. Das bewahrt die Vitamine und Nährstoffe. Greifen Sie überwiegend auf frische Produkte zurück.
9. **In der Ruhe liegt die Kraft:** Genießen Sie Ihr Essen in vollen Zügen. Essen Sie nicht nebenbei. Nehmen Sie Ihre Mahlzeiten bewusst wahr. Kauen Sie Ihre Speisen ordentlich anstatt zu schlingen.
10. **Bewegung in den Alltag integrieren:** Freunden Sie sich mit Ihrer Waage an. Diese wird Sie mehr mögen, wenn Sie sich täglich für 30–60 min sportlich betätigen.

Auch der Blick auf die Ernährungspyramide kann ihnen helfen ein gesundes Ernährungsverhalten zu entwickeln. Diese visualisiert die gesündeste Verteilung der Lebensmittel anhand einer pyramidenartigen Hierarchie (◘ Abb. 6.1).

Abb. 6.1 Ernährungspyramide

6.2.2 Gesunde Ernährung im Schichtdienst

Während die zehn Gebote das Fundament einer gesunden Lebensführung in puncto Ernährung darstellen, müssen Schichtarbeiter sich an weiteren Empfehlungen orientieren, wenn sie sich gesund ernähren möchten.

Wenn es schnell gehen muss bleibt eine gesunde Ernährung im Schichtdienst auf der Strecke (Zhao 2008). Daher sollten Sie sich unbedingt die Zeit für die Mahlzeiten nehmen. Das umfasst den Einkauf, die Zubereitung und den Verzehr. Wählen Sie Ihre Speisen bewusst aus. Ernähren Sie sich hauptsächlich saisonal und regional. Bevorzugen Sie selbst zubereitete Speisen. Haben Sie Ihre Speisen zubereitet, würdigen Sie diese am besten, indem Sie sich auch die entsprechende Zeit für den Verzehr nehmen. Bei der Arbeit sollten Sie Ihre Pause in Ruhe dafür nutzen.

Dies erscheint zu Beginn natürlich zeitaufwendig. Ihre Gesundheit wird es Ihnen allerdings danken. Daher sollten Sie Ihre Einstellung gegenüber Ihrer Ernährung sensibilisieren. Sehen Sie den Verzehr von Mahlzeiten als nichts Nebensächliches sondern als das was es ist: Ein fester Bestandteil Ihres Lebens und die Quelle der Energie für ihren Körper.

Ernährung ist nichts Nebensächliches. Sie sollte den Platz in ihrem Leben einnehmen dürfen, den sie verdient.

- **Wussten Sie schon…?**

Die Arbeit im Schichtdienst geht mit einem erhöhten Risiko übergewichtig zu werden und an Adipositas zu leiden einher (Zhao 2011). Laut einer brasilianischen Studie wirkt sich v. a. auch der Nachtdienst auf das Körpergewicht aus. Der Body-Mass-Index (BMI) stieg bei den an der Studie teilnehmenden Pflegenden mit den Jahren der absolvierten Nachtdiensttätigkeit weiter an. Die beiden Hauptgründe dafür: Das Arbeiten im Nachtdienst beschneidet die Zeit für sportliche Aktivitäten und wirkt sich negativ auf das Ernährungsverhalten aus (Griep 2014).

Eine weitere aktuelle Studie kommt zu dem Schluss, dass der Körper an den Tagen, die im Nachtdienst gearbeitet werden, 4% weniger Energie verbraucht (McHill 2014). Wird in Nachtdienstphasen also nicht auf eine gesunde Ernährung im Rahmen des Grund- und Leistungsumsatzes geachtet, ist eine Gewichtzunahme die Folge.

Tipps für eine gesunde Ernährung im Schichtdienst

Orientieren Sie sich auch im Schichtdienst an Ihren normalen Essenszeiten. Vermeiden Sie Unregelmäßigkeiten in ihrer Nahrungsaufnahme (BKK 2005). Ihr Verdauungsapparat ist ein Gewohnheitstier, weshalb eine unregelmäßige Mahlzeiteneinnahme die gesundheitlichen Belastungen z. B. Obstipation, Blähungen, Defäkationsstörungen provozieren kann. Mittag- und Abendessen sollten so zumindest, unabhängig von der Schichtform in ähnliche Zeiträume fallen (z. B. Mittagessen 12:00–13:30 Uhr).

Teilen Sie Ihren Tag in drei sättigende Mahlzeiten ein. Daneben können Sie zwei Zwischenmahlzeiten einplanen, sodass Sie auf insgesamt fünf Mahlzeiten kommen. Wenn Sie Zwischenmahlzeiten zu sich nehmen, achten Sie darauf dass die Hauptmahlzeiten weniger üppig ausfallen. Zwei feste Größen die Sie bei der Bestimmung der zugeführten Kalorien beachten sollten sind der Grund- und der Leistungsumsatz.

Grundumsatz

Der Grundumsatz ist der Energiebedarf ihres Körpers in Ruhe. Er enthält den reinen Energiebedarf ihres Körpers ohne Aktivitäten.

Berechnung des Grundumsatzes

- Mann: Grundumsatz = Gewicht in kg × 100
- Frau: Grundumsatz = Gewicht in kg × 90

Das Ergebnis beschreibt den täglichen Kalorienbedarf mittels der Einheit Kilojoule (kJ) in Ruhe. Wollen Sie Ihren Grundumsatz in Kilokalorie (kcal) erfahren, müssen Sie den mittels der Formel berechneten Wert durch 4,187 teilen.

Exaktere Tests berücksichtigen ferner die Faktoren Alter und Größe.

Leistungsumsatz

Der Leistungsumsatz ist der Energiebedarf ihres Körpers, der abhängig von der Schwere ihrer Tätigkeit über den Grundumsatz hinaus benötigt wird.

Berechnung des Leistungsumsatzes Der Leistungsumsatz lässt sich aus der Multiplikation des Grundumsatzes und der PAL-Werte (**P**hysical-**A**ctivity-**L**evel) ermitteln. Bei überwiegend gehender und stehender Tätigkeit beträgt dieser 1,8–1,9. Bei körperlich anstrengender Tätigkeit reicht er von 2,0–2,4. Hier sind Sie selbst gefragt die körperliche Schwere ihrer Tätigkeit einzuschätzen.

Leistungsumsatz = Grundumsatz × (1,8–2,4)

Berechnung des Grund- und Leistungsumsatzes

Berechnen Sie ihren Grund- und Leistungsumsatz, sodass Sie eine Richtlinie für die von Ihrem Körper benötigten Kalorien erhalten (Menche 2014).

Ausführliche Tests finden Sie im Internet z. B. Interaktive Energiebedarfsberechnung der Universität Hohenheim (► Literatur).

Allgemeine Tipps für die Ernährung im Schichtdienst

- Versuchen Sie vorausschauend zu planen. So können Sie für die kommende Woche einen Ernährungsplan aufstellen, der Ihre Schichtzeiten und weitere Termine berücksichtigt. So definieren Sie im Vorhinein, wann Sie was essen. Eine weitere Liste hilft Ihnen den Einkauf zu strukturieren, sodass Sie ein Hauptaugenmerk auf die auf der Liste vertretenen Speisen legen. Nebenbei landen weniger ungewünschte Produkte in ihrem Einkaufswagen und Sie sparen dabei Geld.
- Planen Sie in Ihrem Terminkalender auch Zeit zum Kochen ein. So können Sie für den kommenden Tag vorkochen und eine doppelt zubereitete Menge einfrieren.
- Achten Sie bei den zugeführten Speisen darauf, was Ihnen gut tut. Leiden Sie so wiederkehrend nach der Einnahme eines bestimmten Nahrungsmittels an einem unangenehmen Völlegefühl, sollten Sie in Zukunft den Verzehr zu einer bestimmten Tageszeit überdenken.
- Meiden Sie zuckerhaltige Speisen wie Softdrinks, Backwaren und Süßigkeiten und Nahrungsmittel mit einem hohen glykämischen Index.
- Legen Sie Ihre Dienstzeiten so, dass Sie ausreichend Zeit zum Ausruhen und zur Zubereitung frischer Speisen haben. Das reduziert die Versuchung, sich Fertigprodukte zuzubereiten.
- Berücksichtigen Sie den sozialen Kontext von Mahlzeiten. Genießen Sie die Mahlzeiten bei der Arbeit wie auch im häuslichen Umfeld in einer angenehmen und ruhigen Atmosphäre. Bei einem guten Gespräch lassen Sie sich beim Essen mehr Zeit und laufen nicht Gefahr, Ihr Essen unbedacht in sich hinein zu schlingen.
- Nehmen Sie Ihr gutes Recht auf Pausen wahr. Treffen Sie bei verstärkten Arbeitsaufkommen gemeinsame Absprachen wie Sie trotz eines stressigen Diensts Zeit und Ruhe für Ihre Pausen und die Mahlzeiten nehmen können.
- Essen zubereiten kostet natürlich Zeit. Finden Sie daher Verbündete, denen eine gesunde Lebensführung genauso am Herzen liegt wie Ihnen. Vielleicht können Sie hier eine Abmachung treffen, dass Sie sich abwechselnd bekochen, sodass Sie den persönlichen Zeitaufwand damit relativieren.

Trinken, trinken, trinken

Der menschliche Körper besteht zu 50–60% aus Wasser. Schwankungen im Flüssigkeitshaushalt gehen mit Leistungs- und Konzentrationseinbußen einher. Daher sollten Sie in Abhängigkeit von der Schwere der Arbeit eine Flüssigkeitszufuhr von bis zu 3 l pro Tag anpeilen.

Es empfiehlt sich parallel zum Ernährungstagebuch ein Trinkprotokoll zu führen. Anhand dessen können Sie Ihre persönlichen Einschätzungen bezüglich der Einfuhrmenge objektivieren. Gerne verschätzt man sich gerade bei der Menge der eingenommenen Flüssigkeiten oder stellt am frühen Mittag mit Erstaunen fest, dass die morgens begonnene Wasserflasche kaum leerer geworden ist. Viele Pflegende kennen diese Aussage: *»Jetzt habe ich vor lauter Stress vergessen zu trinken!«*

Eruieren Sie deshalb mithilfe des Trinkprotokolls wie viel Sie tatsächlich über den Tag verteilt trinken.

■ Gesundes Trinkverhalten im Schichtdienst

In erster Linie sollten Sie sich vor Augen führen, dass Sie sich die Zeit nehmen sollen und dürfen ausreichend bei der Arbeit zu trinken. Setzen Sie sich dafür Ziele in Form von Flüssigkeitsmengen, die Sie bis zum Dienstende getrunken haben wollen. Damit Sie nun allerdings nicht kurz vor Schichtende, die gesamte Menge auf einmal regelrecht in sich schütten müssen, sollten Sie einen Plan erstellen. Hier halten Sie fest, wie Sie die angepeilte Menge angenehm und gut verträglich über die Dienstzeit trinken. Dabei ist es hilfreich sich einen Puffer von 100–300 ml einzubauen, sodass Sie im Falle eines Notfalls dennoch die erwünschte Einfuhr erreichen.

Persönlicher Trinkplan

Tanja nimmt sich vor innerhalb eines 8-h-Frühdiensts 1,5 l trinken. Sie plant daher stündlich 200 ml zu sich zu nehmen. Schaffte sie das, übersteigt sie die Zieleinfuhr sogar um 100 ml.

Mark hat 10 h Nachtdienst. Da er tagsüber gut schläft, will er nachts 2 l Flüssigkeit zu sich nehmen. Er hat jedoch festgestellt, dass – wenn er in der Früh noch größere Mengen zu sich führt – sein Tagschlaf gestört ist, da er aufgrund von Harndrang häufiger die Toilette aufsuchen muss. Er könnte nun die ersten 5 Stunden jeweils 300 ml stündlich trinken, anschließend alle zwei Stunden 200 ml und zum Ende der Nacht hin nur noch schluckweise insgesamt 100 ml.

Decken Sie ihren Flüssigkeitsbedarf in den ersten zwei Dritteln ihrer Wachheit. Trinken Sie kurz vor dem Zubettgehen, wird ihr Schlaf gestört, da Sie vielleicht auf die Toilette müssen.

Sobald Sie die Menge ermittelt haben, die Sie sich zuführen möchten und den Plan erstellt haben, wie Sie vorgehen möchten, sollten Sie sich spätestens jetzt Gedanken über die Art der Getränke machen.

In erster Linie sollten Sie natriumarmes Wasser und ungesüßte Frucht- oder Kräutertees trinken. Zwischendurch können Sie auch Fruchtsäfte verdünnt mit Wasser konsumieren. Meiden sollten Sie hingegen zuckerhaltige Getränke wie Cola, Limonade und Fruchtnektar.

Sie können auch zu (pflanzlicher) Milch greifen. Der Vorteil: Sie hat zudem eine sättigende Wirkung und ist reich an Proteinen. Insgesamt sollten Sie aber nicht mehr als 0,5 l Milch trinken (BKK 2005).

▪ Koffein und Co

Adenosin ist eine von mehreren Schlafsubstanzen, die, wenn sie vermehrt im Körper vorkommen, müde machen.

Koffein hält wach, weil in ihm eine Substanz enthalten ist, die die Rezeptoren für den Botenstoff Adenosin blockieren. Daher erfreut sich Kaffee auch unter Schichtarbeitern einer großen Beliebtheit. Ob mit Milch, Zucker oder schwarz: Kaffee ist der Muntermacher Nummer eins.

Morgens gibt er den nötigen Schwung und am Nachmittag kann er ein Tief überbrücken. Bereits nach 15–30 Minuten setzt die wach machende Wirkung ein. Da die im Kaffee enthaltenen Röstaromen den Magen und die Galle reizen, sollte eine Dosis von zwei Tassen jedoch nicht überschritten werden (Zulley 2010).

Je nachdem wie empfindlich Sie reagieren, sollten Sie bereits ab 15:00 Uhr Schluss mit der Koffeinzufuhr machen, da sonst die Nachtruhe gestört sein kann. Im Nachtdienst sollten Sie 4–6 Stunden vor dem Beginn des Tagschlafs keine koffeinhaltigen Getränke mehr konsumieren.

Beachten Sie, dass auch in Tee, Cola, Energy Drinks und Lebensmitteln wie Schokolade Koffein enthalten ist. Aufgrund des hohen Zuckergehalts sind Energy Drinks und koffeinhaltige Süßgetränke wie Cola ohnehin nicht zu empfehlen.

Auch Nikotin wirkt aufputschend, sodass der Schlaf dadurch gestört werden kann.

Finger weg von Alkohol als Einschlafhilfe. Alkohol narkotisiert und verhindert einen erholsamen Schlaf.

Tipps zur gesunden Ernährung im Nachtdienst

Die in der Nacht zugeführten Speisen sollten in der Regel leicht und damit unbelastend für den Verdauungsapparat sein. Dies können warme und kalte Speisen sein. Jedoch ist eine ausschließlich kalte Verpflegung nicht empfehlenswert (Petschelt 2007). Von den insgesamt zwei Mahlzeiten nachts sollte die erste eine warme sein. Allgemein sollten die Speisen in Relation wenig Kohlenhydrate und Fett und tendenziell mehr Proteine enthalten.

Stärkereiche Kohlenhydrate sind dabei isolierten vorzuziehen. Bevorzugt sollten pflanzliche Fette (Ausnahme gehärtete Kokos- oder Palmfette) verwendet werden.

Als leichte Kost für die Nacht eignen sich daher (Busch-Stockfisch 1986, BAUA 2005, BKK 2005, Petschelt 2007, Lowden 2010):

- (pflanzliche) Milch- und Milchprodukte z. B. Joghurt, Quark, Frischkäse,
- Obst z. B. Kompott,
- Gemüse und Salat als Rohkost oder gegart, alternativ auch in Form von Suppen,
- in Maßen fettarme und proteinreiche Fisch- und Fleischsorten, ersatzweise auch Tofu,
- Eier z. B. Spiegelei, Rührei oder Omelett (von gekochten Eiern aufgrund der erschwerten Verdaulichkeit absehen),
- ballaststoffeiche Vollkornprodukte z. B. Vollkornbrot, Knäckebrot, Haferflocken, Reis (insg. ca. 30 g Ballaststoffe pro Tag),
- stärkereiche Kohlenhydrate sind gegenüber isolierten Kohlenhydraten z. B. Weißbrot zu bevorzugen.

Regelmäßige Mittag- und Abendessenzeiten sollten trotz Nachtdienst eingehalten werden. Es werden lediglich zwei kleine Nachtmahlzeiten ergänzt. Aus den sonst üblichen drei Hauptmahlzeiten inklusive der zwei Zwischenmahlzeiten werden im Nachtdienst so sieben. Die gesamte Kalorienzufuhr übersteigt inklusive der Nachtmahlzeiten nicht den täglichen Kalorienbedarf. Pflegende im Nachtdienst können sich an den Ernährungszeiten der nachfolgenden Tabelle orientieren (Tab. 6.2).

Tab. 6.2 Ernährungszeiten (Nach: Busch-Stockfisch 1986, DGE, Petschelt 2007)

Mahlzeit	Beschreibung	Tägliche Energiezufuhr in %	Beispiel 40-jährige Krankenschwester mit einem täglichen Kalorienbedarf von 2500 kcal
Mittagessen zwischen 12:00–13:00 Uhr	Das Mittagessen stellt eine Hauptmahlzeit des Tages dar. Es ist die Hauptmahlzeit nach dem Tagschlaf. Sie wird zuhause eingenommen und sollte in einem ähnlichen Zeitraum wie im Tagdienst eingenommen werden.	25%	625 kcal
Evtl. kleine Zwischenmahlzeit gegen 16:00–17:00 Uhr	Eine solche Zwischenmahlzeit kann ein Stück Obst, ein kleiner Salat oder auch eine Milchspeise sein. Die Zwischenmahlzeit wird zuhause eingenommen.	10%	250 kcal
Abendessen zwischen 19:00–20:00 Uhr	Das Abendessen wird zuhause, bevor Sie zum Nachtdienst aufbrechen, gegessen. Tendieren Sie zu leichten und bekömmlichen Speisen.	20%	500 kcal
Erstes großes Nachtessen zwischen 00:00–01:00 Uhr	Eine leichte warme Mahlzeit z. B. eine Tomatensuppe oder ein Salat mit angebratenem Tofu ist besser als eine schwer verdauliche Kost z. B. Pizza. Vermeiden Sie große Portionen, da Sie diese träge und schläfrig werden lassen.	25%	625 kcal
Zweites kleines Nachtessen zwischen 04:00–05:00 Uhr.	Die Mahlzeit hilft Ihnen Ihr Tief zu überbrücken. Ein Joghurt mit frischen Früchten ist genauso geeignet wie eine kleine Schüssel Cornflakes mit Milch.	8%	200 kcal
Frühstück zwischen 07–08:00 Uhr	Das Frühstück wird nach dem Nachtdienst und vor dem Tagschlaf meist zuhause eingenommen. Dies verhindert, dass Sie aufgrund eines Hungergefühls aufwachen und bewahrt die Regelmäßigkeit in der üblichen Tagesstruktur. Das Frühstück sollte nicht zu üppig ausfallen, da ein überfüllter Magen den Schlaf stört.	12%	300 kcal

6.3 Eine Ernährungsumstellung auf den Weg bringen

Waschbrettbauch ade

Rettungssanitäter Robert war zu Beginn seiner Tätigkeit noch sehr schlank und sportlich. In den vergangenen Jahren hat seine ehemals definierte Figur unter dem unregelmäßigen und ungesunden Ernährungsstil gelitten.
Pflegerin Ute hat vor kurzem zu ihrem Erschrecken festgestellt, dass sie kaum mehr in ihre Lieblingshose passt.

Vielleicht geht es Ihnen wie Robert oder Ute oder Sie bemerken nur, dass Ihre Ernährung nicht optimal ist und dass sie etwas verändern möchten.

▪ Gute Gründe für eine Ernährungsumstellung suchen

In diesen Fällen kann es Sinn machen sich über eine langfristige Ernährungsumstellung Gedanken zu machen. Eine Veränderung der Ernährungsweise kann nur langfristig Früchte tragen. Kurzzeitige Diäten winken zwar mit schnellen Erfolgen, doch verfolgen sie nicht langfristig das Ziel sich gesünder zu fühlen.

Zunächst sollten Sie sich gute Gründe für eine Ernährungsumstellung suchen. Definieren Sie dazu kurz- und langfristige Ziele und fixieren Sie diese schriftlich z. B. Reduktion des Gewichts um 10 kg, Abbau des Körperfettanteils, an mindestens 5 Tagen die Woche gesunde und frisch zubereitete Speisen.

❯ Die kurzfristigen Ziele sind Meilensteine auf dem Weg zu ihrem Fernziel.

Es kann Ihnen helfen, die Vorteile einer gesunden und die Nachteile einer ungesunden Ernährung aufzuführen. Die von Ihnen aufgeschriebenen Punkte können in schwereren Zeiten ein Motivationsschub für Sie darstellen.

Zu Beginn einer Ernährungsumstellung sollten Sie ihr Gewicht ermitteln, sodass sie den Verlauf besser verfolgen können. Auch der BMI kann als Größe herangezogen werden.

- **Sorgen Sie für Rückenwind!**

Holen Sie sich jede Unterstützung, die Sie erhalten können. Informieren Sie dazu ihre Familie und Freunde. Wirken diese an ihrem Ziel mit, fällt es Ihnen leichter am Ball zu bleiben. Ein soziales Umfeld, das sich genauso wie Sie an den Prinzipien der gesunden Ernährung orientiert, wird Sie stützen und reduziert die Gefahr ihr Vorhaben zu boykottieren.

Natürlich können Sie auch in ihrem Team eine Initiative starten. Dies kann z. B. beinhalten, dass Süßigkeiten nicht mehr offen ausgelegt werden, sodass die Gefahr des »nebenbei etwas zu Naschen« reduziert wird.

Desto mehr Menschen Sie von ihrer Ernährungsumstellung berichten, umso engagierter werden Sie selbst die Verfolgung ihrer persönlichen Ziele vorantreiben.

- **Am Ball bleiben**

Bestenfalls verfolgen Sie das Ziel »gesunde Ernährung« für den Rest ihres Lebens. Was zu Beginn schwer erscheint, wird mit der Zeit zur Routine werden. Sollten Sie doch Rückschläge erleben, sollten Sie die Ursachen dafür identifizieren, sodass Sie Untiefen das nächste Mal umsegeln können. Sie sollten v. a. nicht zu hart mit sich selbst ins Gericht gehen. Es ist nur menschlich, dass eine oder andere Mal zu sündigen. Fokussieren Sie sich immer wieder auf Ihr Ziel und Ihre persönlichen guten Gründe für eine Ernährungsumstellung.

Probieren Sie in regelmäßigen Abständen neue Rezepte aus. Der Buchhandel und das Internet bieten hier beinahe unendlich viele Anreize. So bietet die Deutsche Gesellschaft für Ernährung e.V. z. B. einen kostenlosen Flyer zum Thema »Vollwertig Snacken am Arbeitsplatz« an (DGE o.J.).

6.4 Gesunde Ernährung – Was kann der Arbeitgeber tun?

Wann soll ich was essen?

Pflegerin Ute hatte keine Zeit sich etwas zu essen zuzubereiten. Sie spekuliert darauf in der hauseigenen Kantine eine Mahlzeit zu finden, die ihren gesunden Ernährungswandel unterstützt. Der Blick auf die Speisekarte enttäuscht sie aber.

Altenpflegerin Tanja hat ein ganz anderes Problem. Sie rotiert nun seit Dienstbeginn. Erst meldet sich eine Kollegin krank, dann jagt ein Notfall den nächsten. Es scheint so als würde ihre Frühstückspause ins Wasser fallen.

Der Arbeitgeber kann an insgesamt vier Stellschrauben drehen.

- Erstens kann er die Mitarbeiter darin unterstützen sich mit der Thematik der gesunden Ernährung im Schichtdienst auseinanderzusetzen. So kann er Informationen und Fortbildungsangebote offerieren, sodass ein etwaiges Informationsdefizit auf Seiten der Arbeitnehmer aufgehoben wird.
- Zweitens muss er die Einhaltung der Pausen sicherstellen, sodass ausreichend Zeit für die Ernährung vorhanden ist. Ein hohes Arbeitsaufkommen oder ein Personalmangel dürfen keine Ausreden für das Wegfallen einer wohl verdienten Pause sein. Pflegende müssen vom Arbeitgeber dazu ermutigt werden, prekäre Bedingungen im Alltag, die das Halten einer gesetzlich vorgeschriebenen Pause verhindern, zu melden. So muss eine Pause im Team nicht zwingend zum gleichen Zeitpunkt genommen werden. So ist die Versorgung der Patienten durch das Aufteilen in Gruppen gesichert.
- Drittens sollte der Arbeitgeber den Dienstplan an den arbeitswissenschaftlichen Erkenntnissen erstellen z. B. lange Nachtschichtblöcke vermeiden und ein vorwärtsrotierenden Dienstplan einpflegen (► Kap. 2).
- Viertens sollten die Mitarbeiter in der Kantine schichtarbeitsspezifische Ernährung vorfinden, um die negativen Aspekte der Arbeit im Schichtdienst abzuschwächen (BAUA 2005). Allgemein sollte in einer Krankenhauskantine gesunde Ernährung angeboten werden und auch den Mitarbeitern im Nachtdienst der Zugang z. B. über Reservierung, dezentrale Aufbe-

reitung oder Automaten mit Obst und proteinreichen Snacks ermöglicht werden. Die Zusammensetzung der Speisen z. B. Ballaststoff-, Kohlenhydrat und Fettgehalt sollte den Mitarbeitern transparent gemacht werden (Petschelt 2007).

Arbeitgeber und Arbeitnehmer können sich u. a. bei der Deutschen Gesellschaft für Ernährung e.V. zu den Qualitätsstandards der Betriebsverpflegung informieren (DGE 2014).

Pflegende haben aufgrund ihres Jobs, der in Zeiten von Personalmangel noch mehr Energie als sonst fordert, wenig Zeit sich mit gesundem Essen auseinanderzusetzen oder gesunde Mahlzeiten zuzubereiten. Die Arbeitsumgebung hat somit negative Auswirkungen auf die Gesundheit, die es auf Seiten des Arbeitgebers abzumildern oder zu beheben gilt (Phiri 2014).

6.5 In aller Kürze

Der richtigen Ernährung kommt im Schichtdienst eine große Rolle zu. So reduziert eine gesunde Ernährung das Risiko negativer Folgen durch die Schichtarbeit:

- Ein Ernährungstagebuch und ein Trinkprotokoll helfen die eigenen Gewohnheiten kennenzulernen.
- Eine gesunde Ernährung orientiert sich an den zehn Regeln der Deutschen Gesellschaft für Ernährung und Gesundheit e.V.
- Bei der Ernährung im Schichtdienst sollte der persönliche Grund- und Leistungsumsatz berücksichtigt werden, sodass die benötigten Kalorien gezielt zugeführt werden können.
- Gesunde Ernährung darf Zeit kosten; sowohl bei der Zubereitung als auch beim Verzehr.
- Ihr Verdauungssystem liebt Regelmäßigkeit, auch im Nachtdienst sollten die Mahlzeiten am Tag in einem ähnlichen Zeitraum eingenommen werden.
- Nachts sollten Sie zwei leichte Mahlzeiten zusätzlich essen; eine warme und eine kalte. Der Gesamtkalorienbedarf am Tag orientiert sich auch am Grund- und Leistungsumsatz.
- Achten Sie auf eine ausreichende Flüssigkeitszufuhr. Diese besteht in erster Linie aus Wasser und ungesüßten Tees.

- Koffein ist ein Muntermacher, doch sollte er sparsam konsumiert werden.
- Eine langfristige Ernährungsumstellung ist einer kurzen Diät vorzuziehen.
- Auf Seiten des Arbeitnehmers sind die Mitarbeiter über eine gesunde Ernährung zu informieren, die Dienstpläne sind nach arbeitswissenschaftlichen Erkenntnissen zu gestalten, gesetzliche Vorgaben wie die Pausenregelung sind einzuhalten und eine schichtarbeiterspezifische Ernährung ist sicherzustellen.

Literatur

BKK Bundeverband (2005) Besser leben mit Schichtarbeit. Hilfen für Schichtarbeiterinnen und Schichtarbeiter 6.A. S. 25-28. http://www.bkk-nordwest.de/wp-content/uploads/2014/09/besser_leben_mit_schichtarbeit.pdf (Letzter Zugriff: 29.01.2015)

BAUA Bundesanstalt für Arbeitsschutz und Arbeitsmedizin (2005) Leitfaden zur Einführung und Gestaltung von Nacht- und Schichtarbeit 9. A. Berlin

Busch-Stockfisch M, Krappe D (1986) Ernährungsempfehlungen für Nachtschichtarbeiter unter Berücksichtigung des Zirkaidanrhythmus und der Stoffwechselsituation. Arbeitsmedizin Sozialmedizin Präventivmedizin 21: 333–336

DGE Deutsche Gesellschaft für Ernährung e.V. (2013) Vollwertig essen und trinken nach den 10 Regeln der DGE. http://www.dge.de/fileadmin/public/doc/fm/10-Regeln-der-DGE.pdf (Letzter Zugriff: 29.01.2015)

DGE Deutsche Gesellschaft für Ernährung e.V. (2014) DGE-Qualitätsstandards für die Betriebsverpflegung 4. A. http://www.jobundfit.de/service/medien.html?eID=dam_frontend_push&docID=1400 (Letzter Zugriff: 29.01.2015)

DGE Deutsche Gesellschaft für Ernährung e.V. (o.J.) Essen wenn andere schlafen. Ernährungsempfehlungen bei Nacht- und Schichtarbeit. http://www.jobundfit.de/service/medien.html?eID=dam_frontend_push&docID=1401 (Letzter Zugriff: 29.01.2015)

DGE Deutsche Gesellschaft für Ernährung e.V. (o.J.) Vollwertig Snacken am Arbeitsplatz. http://www.jobundfit.de/service/medien.html?eID=dam_frontend_push&docID=1402 (Letzter Zugriff: 29.01.2015)

Griep RH, Bastos LS, de Jesus Mendes a Fonseca M et al. (2014) Years worked at night and body mass index among registered nurses from eighteen public hospitals in Rio de Janeiro, Brazil. BMC Health Serv Res 14: 603

Lowden A, Moreno C, Holmbäck U, Lennernäs M, Tucker P (2010) Eating and shift work – effects on habits, metabolism and performance. Scand J Work Environ Health 36: 150–162

McHill AW, Melanson EL, Higgins J et al. (2014) Impact of circadian misalignment on energy metabolism during simulated nightshift work. Proceedings of the National Academy of Science 111: 17302–17307

Menche N (2014) Pflege heute. 6. A. Elsevier, München. S. 421

Petschelt J, Behr-Völtzer C, Rademacher C (2007) Was essen, wenn andere schlafen? Ernährung 10: 454–461

Phiri LP, Draper CE, Lambert EV, Kolbe-Alexander TL (2014) Nurses' lifestyle behaviours, health priorities and barriers to living a healthy lifestyle: a qualitative descriptive study. BMC Nursing 13: 38

Universität Hohenheim (o.J.) INTERAKTIVES Energiebedarfsberechung. https://www.uni-hohenheim.de/wwwin140/info/interaktives/energiebed.htm (Letzter Zugriff: 29.01.2015)

Zhao I, Bogossian F, Song S, Turner C (2011) The association between shift work and unhealthy weight: a cross-sectional analysis from the nurses and midwives' e-cohort study. JOEM 53: 153–158

Zhao I, Turner C (2008) The impact of shift work on people's daily health habits and adverse health outcomes. Australian J Advanc Nurs 25: 8–22

Zulley J (2010) Mein Buch vom guten Schlaf 2. A. Goldmann, München. S. 242–254

Schlafen und Ruhen trotz Schichtdienst

J. Schmal

J. Schmal, *Ausgeschlafen? – Gesund bleiben im Schichtdienst für Gesundheitsberufe (Top im Gesundheitsjob)*,
DOI 10.1007/978-3-662-46986-6_7

Gesunder Schlaf im Schichtdienst ist von unschätzbarem Wert. Um Schlafstörungen zu vermeiden, sollte die Schlafumgebung optimiert, körperlichen Aktivitäten am Tag nachgegangen und Einschlafrituale gepflegt werden. Wird während einer Nachtdienstphase am Tag geschlafen, gilt es darüber hinaus, den Tagschlaf gesundheitsförderlich zu gestalten. Im Nachtdienst kann Powernapping helfen, die Konzentration und das Wohlbefinden zu steigern.

Schlafen und Ruhen ist für den menschlichen Organismus immens wichtig. Neben der gesunden Ernährung (▶ Kap. 6) und Bewegung (▶ Kap. 9), stellt der gesunde Schlaf die dritte Säule einer gesunden Lebensführung dar. Der deutsche Philosoph Arthur Schopenhauer stellte eine treffenden Vergleich auf: »Schlaf ist für den Menschen, was das Aufziehen für die Uhr.« Dieses Zitat deckt sich auch mit den Erkenntnissen der Somnologen. Demnach schlafen wir, um die Informationen im Gehirn zu ordnen, zu speichern, Unnötiges zu entfernen und damit das Gehirn zu reinigen und Platz für neues zu schaffen. Die plakative Aussage, dass wenig Schlaf dumm mache, ist also gar nicht so weit hergeholt.

Im Schlaf queren wir fünf Schlafphasen: Beginnend bei der Einschlafphase über den leichten Schlaf, den beginnenden Tiefschlaf, den Tiefschlaf bis zum REM-Schlaf.

Ein solcher Schlafzyklus dauert im Schnitt ca. 90 Minuten. Wie viele davon durchlaufen werden, hängt von der Schlaflänge ab. Als normal gelten fünf bis zehn Stunden.

7.1 Schlafhygiene

Ich kann nicht schlafen

Robert kann manchmal partout nicht einschlafen. Er sieht dann im Schlafzimmer noch fern oder isst einen Happen.

Ingrid hat bis vor kurzem noch gut geschlafen. Da im Nachbarort aber Straßenbauarbeiten in Gang sind, führt nun eine Umleitung direkt an ihrem Haus vorbei. Bereits früh morgens rauschen die LKWs vor ihrem Schlafzimmerfenster vorbei.

Wird der Schlaf gestört, leidet die Lebensqualität. Die Prinzipien der Schlafhygiene helfen den gesunden Schlaf zu fördern (DGSM 2011, Spork 2008, Wright 2013).

7.1.1 Schlafumgebung

Die Schlafumgebung ist schlafförderlich einzurichten, damit das Ein- aber auch das Durchschlafen gelingt.

Checkliste für eine gesunde Schlafumgebung

- Reizarmes Schlafzimmer mit sparsamer Möblierung.
- Bequemes und geräuscharmes Bett inkl. Kissen und Decken z. B. kein Quietschen. Im Schlaf führen wir 20 größere und 50 kleinere Bewegungen durch, entstehen dabei Geräusche, wird der Schlaf gestört (Zulley 2010).
- Allgemein kühler als der Rest der Wohnung; Zimmertemperatur von 14–18°C (persönliche Vorlieben berücksichtigen).
- Frische Luft im Schlafzimmer, durch vorheriges Lüften oder gekipptes Fenster; aber Zugluft vermeiden.

- Raum ist abgedunkelt. Es gilt desto dunkler umso besser z. B. Rollläden sind besser als Jalousien, Jalousien sind besser als Vorhänge usw.
- Raum ist gegen Lärm abgeschirmt z. B. Dämmung oder Ohrstöpsel.
- Schlafstörer wie elektrische Geräte z. B. Fernseher, Computer sind verbannt. Es befindet sich kein Handy im Schlafzimmer. Auch ein Schreibtisch sollte nicht im Schlafzimmer stehen, da er mit Arbeit und Aktivität in Verbindung gebracht wird.
- Alleine oder mit Partner schlafen? Falls der Partner schnarcht und sich ein erholsamer Schlaf besser alleine einstellt, kann über getrennte Schlafzimmer nachgedacht werden.
- Evtl. ein Gemälde, das Sie mit einem positiven Gefühl assoziieren.

7.1.2 Das Bett und du

Das Bett sollte neben dem Ausleben der Sexualität ausschließlich zum Schlafen verwendet werden. Suchen Sie Ihr Bett daher nur auf, wenn Sie wirklich müde sind. Verlassen Sie es, sobald Sie sich ausgeschlafen fühlen. Damit reduzieren Sie die als unangenehm empfundene Zeit des Wachliegens auf ein Minimum. Dadurch schlafen Sie vielleicht einmal kürzer, gleichsam erhöhen Sie den Schlafdruck für die kommende Nacht, wodurch Sie besser in den Schlaf finden.

Im Schlafzimmer sollten Fernseher, spannende Bücher oder aufwühlende Gespräche keinen Raum einnehmen dürfen. Ihr Schlafzimmer ist Ihr gemütliches Nest, Ihr persönlicher Rückzugsort für erholsamen Schlaf. Nicht mehr, aber auch nicht weniger.

Lassen Sie sich nicht von einem Wecker oder einer Uhr unter Einschlafdruck setzen. Drehen Sie deshalb den Wecker einfach weg, um den nächtlichen Blick darauf zu vermeiden.

Vermeiden Sie negative oder stressige Assoziationen mit Ihrem Schlafzimmer. Dazu zählt z. B. der Zeitdruck durch eine Uhr oder ein aufwühlendes Gespräch mit dem Partner. Setzen Sie sich im Angesicht des Schlafs nicht unter Druck.

7.1.3 Aktivität am Tag

Werden Sie tagsüber aktiv. Betätigen Sie sich sportlich oder bewegen Sie sich an der frischen Luft. Das macht Sie nicht nur müde, sondern synchronisiert, sofern Sie sich im Freien aufhalten auch Ihre innere mit der äußeren Uhr (▶ Abschn. 5.1). Das Tageslicht hilft Ihnen als äußerer Zeitgeber die Desynchronisation durch den Schichtdienst zu beheben. Kreislaufanregende sportliche Tätigkeiten gegen Abend können hingegen den Einschlafdruck herabsetzen und sollten bei Einschlafproblemen vermieden werden.

7.1.4 Einschlafrituale

Die Nacht ist so kurz

Ingrid macht der Wechsel vom Spät- auf den Frühdienst zu schaffen. Sie schläft immer erst spät ein, da sie nur schwer abschalten kann. Morgens kriecht sie dann völlig gerädert aus dem Bett. Ein Einschlafritual könnte Abhilfe schaffen.

Einschlafrituale haben einen wiederkehrenden Charakter, mithilfe derer die Bettruhe und der Schlaf eingeläutet wird. Diese Regelmäßigkeit hilft die innere Uhr zu stellen – im Schichtdienst ist dies allerdings nicht unproblematisch, da eine Kontinuität nicht gegeben ist.

Vor dem Zubettgehen können Sie sich einen Schlaftrunk in Form von warmer Milch mit Honig machen. Aufgrund der Aminosäure Tryptophan, die das schlaffördernde Hormon Serotonin aufbaut, kann man besser in den Schlaf finden. Der Honig im Schlummertrunk beschleunigt die Wirkung.

Einige schwören auf ein kleines Stück Schokolade vor dem Zubettgehen, andere auf den Verzehr einer Banane oder eine Tasse Tee.

Während die einen noch ein paar Seiten in einem nicht allzu spannenden Buch lesen, hören andere noch gerne leise Musik.

Auch eine Kneipp-Beinwaschung mit kaltem Wasser kann schlaffördernd wirken. Genauso kann der Gang in die Sauna, ein Bad oder eine Massage den Schlaf fördern.

Wer dann schließlich im Bett liegt, kann zur Beruhigung auf Einschlafbilder zurückgreifen. Mittels Imagination werden diese im Geiste abgespielt. Zu den prominentesten zählen wohl die Schafe, die beim Springen über einen Zaun gezählt werden. Einschlafbilder können beruhigen und abendliches Gedankenkreisen unterbrechen.

Zum Einschlafen bewährt, haben sich auch Entspannungsverfahren wie das Autogene Training (▶ Abschn. 8.2).

Wenn Sie noch Sorgen und aufdrängende Gedanken haben, kann ein Sorgenbrief behilflich sein.

Sorgenbrief

Die Gedanken kreisen und lassen Sie nicht zur Ruhe kommen? Wieder und wieder kreisen sie um das gleiche Thema? Der Sorgenbrief kann Ihnen helfen sich von dem Unbehagen zu distanzieren. Verlassen Sie dazu Ihr Schlafzimmer und setzen Sie sich – vor Ihnen Briefpapier und ein Stift – auf einen Stuhl.
Schreiben Sie alles auf, was Sie nicht zur Ruhe kommen lässt, versiegeln Sie den Brief und lassen Sie ihn an Ort und Stelle zurück. Wenn Sie den Brief am nächsten Tag öffnen, erscheinen Ihnen die Probleme vielleicht gar nicht mehr so ausweglos wie in der Nacht zuvor.

Jeder Mensch benötigt unterschiedliche Einschlafrituale. Probieren Sie für sich in Ruhe aus, welches zu Ihnen passt. Was für den einen einschlafförderlich ist, stört den anderen.

7.1.5 Einnahme von Medikamenten und Genussmittel

Sie sollten vor dem Schlaf nicht rauchen, da Nikotin eine aufputschende Wirkung hat. Zudem sollten Sie Ihren Alkoholkonsum reduzieren oder sich komplett in Abstinenz üben. Nutzen Sie Alkohol nicht als Einschlafmittel, da es als Narkotikum die Erholung des physiologischen Schlafs stört.

Vermeiden Sie die Einnahme von Schlafmitteln. Greifen Sie auch nicht zu frei verkäuflichen. Prüfen Sie kritisch die Dauer einer möglichen ärztlichen Verschreibung. Schlafmittel stellen keine langfristige Lösung dar, sodass nach zweiwöchiger Einnahme der Effekt geprüft und ggf. die Weichen für eine Therapie gestellt werden sollten.

Mindestens vier Stunden vor dem Zubettgehen sollten Sie auf koffeinhaltige Getränke oder Speisen verzichten.

Falls Sie Medikamente einnehmen, können Sie Rücksprache mit ihrem Arzt halten, wenn diese ihren Schlaf beeinträchtigen.

7.1.6 Gesund Durchschlafen

Die erste Hälfte des Schlafs ist die erholsamere. Daher sollten Sie vor drei Uhr morgens schlafen, da bis dorthin Wachstumshormone ausgeschüttet und regenerative Prozesse in Gang gebracht werden (Zulley 2010). Da ein Schlafzyklus ca. 90 Minuten andauert, macht es Sinn seinen Wecker entsprechend zu stellen. Klingelt ihr Wecker zum Ende eines solchen Zyklus, werden Sie angenehmer wach, während das Klingeln im Verlauf des Tiefschlafs Sie träge und erschöpft erwachen lässt.

Nehmen Sie es mit einer entspannten Grundhaltung, wenn Sie einmal aufwachen sollten. Im Schnitt wachen wir in einer Nacht ca. 28-mal auf, wobei nur die wenigsten Male wirklich registriert werden (Zulley 2010). Vertrauen Sie daher auch nachts nicht zwingend Ihrer Uhr, da sie vielleicht zwischenzeitig geschlafen und dies nur nicht bemerkt haben. Können Sie nicht wieder einschlafen, wenden Sie sich einer beruhigenden Aufgabe zu. Das kann ein Kreuzworträtsel oder das Blättern in einer Zeitschrift sein. Setzen Sie sich auch hier nicht unter Druck. Während die einen nach kurzer Zeit wieder müde werden, dauert es bei anderen eine Stunde.

7.2 Schlafen am Tag

Noch eine Nacht

Tanja kümmert sich im Anschluss an ihren Nachtdienst noch um ihre siebenjährige Tochter. Sie richtet ihr das Frühstück und bereitet sie für den Schultag vor. Meistens kocht sie bereits morgens das Mittagessen vor, macht Besorgungen oder geht Haushaltstätigkeiten nach.

Robert ist nach einer Nachtschicht meist noch aufgekratzt. An Schlaf ist nicht immer zu denken. So liest er noch lange bis ihm schließlich die Augen zu fallen.

Mark ist nach dem Nachtdienst immer wahnsinnig erschöpft. Heute erwarten er und seine Frau gegen Mittag Besuch. Mark weiß, dass er kaum schlafen wird. Müsste er nur nicht noch ein weiteres Mal in den Nachtdienst…

7.2.1 Tagschlaf während des Nachtdienstes

Der gesunde Schlaf am Tag sollte sich an den Prinzipien der Schlafhygiene orientieren. Das umfasst sowohl eine gesunde Ernährung als auch die Minimierung des Licht- und Lärmeinflusses.

Daneben sind die Störungen des Alltags zu reduzieren, die vom normalen zirkadianen Rhythmus des sozialen Umfelds ausgehen (Schmal 2014).

Ihr Tagschlaf sollte möglichst weder durch äußere Umstände z. B. klingelndes Telefon noch aufgrund innerer Ursachen z. B. Harndrang infolge großer Trinkmengen unterbrochen werden.

Wenn Sie Familie, Freunde und Besucher über ihre Nachtdienste informieren, können Sie im Vorhinein potenzielle Störungen umschiffen.

Nach einem leichten Frühstück sollten sie sich bald ins Bett begeben. Desto früher Sie sich schlafen legen, umso größer sind Ihre Chancen Ihre Schlafquantität zu steigern. Insgesamt ist eine Schlafdauer von sieben bis acht Stunden erstrebenswert. Dabei sollten Sie eine Hauptschlafphase von mindestens vier Stunden einrichten. Sie können Ihren Schlaf über den Tag verteilen. Wenn Sie z. B. von 08:00 Uhr bis 13:00 Uhr schlafen, ein Mittagessen zu sich nehmen und dann wieder von 16:00 bis 19:00 Uhr schlafen, kommen Sie auf ein gesundes Pensum von acht Stunden Schlaf (► Kap. 6).

Verkürzen Sie ihren Nachtschlaf nicht für verrückbare Verpflichtungen.

Einige Pflegende schlafen vor dem ersten Nachtdienst vor. Wird diese Schlafstrategie gewählt, gehen die Empfehlungen dahin eine Dauer von 1,5 Stunden (besser 4) nicht zu unterschreiten (Fietze 2014).

7.2.2 Tagschlaf nach dem letzten Nachtdienst

Nach dem letzten Nachtdienst sollten Sie sich bemühen, so schnell wie möglich in einen normalen Rhythmus zu kommen (BAUA 2005, Schmal 2014). Auch wenn es verlockend ist, nach der letzten Nachtschicht den gesamten Tag über zu schlafen, sollten Sie sich nicht diesem Verlangen hingeben. Am besten stehen Sie nach ca. fünf bis sechs Stunden Tagschlaf auf, damit sich ihr Organismus wieder an den normalen Tagesrhythmus gewöhnen kann. Planen Sie z. B. ein Treffen mit Freunden, eine Unternehmung mit der Familie oder Sport ein. Eine Aktivität an der frischen Luft hilft ihnen die durcheinandergewirbelte innere Uhr mit den äußeren Zeitgebern zu synchronisieren. Treiben Sie ihre Aktivitäten nicht bis zum Rande der Verausgabung, sondern gehen Sie sparsam mit ihrer Energie um. Abends sollten Sie relativ früh das Bett aufsuchen, damit Sie sich in den physiologischen Tagesrhythmus einfinden. Hören Sie auf Ihren Körper und gehen Sie bei den ersten Müdigkeitserscheinungen schlafen. Am darauffolgenden Tag schlafen Sie entsprechend Ihres Schlaf- und Chronotyps und vermeiden ein hinausgezögertes Weiterdösen.

7.2.3 Mittagschlaf nach dem Frühdienst

Kein Mensch kann von früh morgens bis spät in die Abend hinein eine konstante Leistung abrufen. Unsere innere Uhr treibt uns um die Mittagszeit in eine Ruhephase fern des Nachtschlafs. Die Körpertemperatur sinkt und die Leistungsfähigkeit nimmt ab: der Körper wird auf Schlaf gepolt.

Immer mehr Firmen setzen daher auf einen Mittagschlaf und folgen damit prominenten Vorbildern wie Albert Einstein, Salvador Dali und Johannes Brahms (Zulley 2010).

Da im Pflegealltag ein Nickerchen während der Tagschicht zumeist schwer realisierbar ist, suchen einige Pflegende nach einem Frühdienst das Bett auf. Dies sollte nicht verpönt oder mit einem abfälligen Kommentar belegt werden, da die Mittagsruhe hilft, die Batterien wieder aufzuladen und sich mit Elan den weiteren Aufgaben zuzuwenden.

Jeder Pflegende wählt im Schichtdienst unterschiedliche Schlafstrategien (Daurat 2004).

Während die einen nach einem Nachtdienst kürzer schlafen und ein Nickerchen am Nachmittag und in der Nacht in Form von Powernapping bevorzugen, schlafen andere nur tagsüber, aber hierfür über einen längeren Zeitraum.

Einen Mittagschlaf sollten Sie vermeiden, wenn Sie abends nicht einschlafen können, da Sie sich bereits ausgeruht fühlen.

7.3 Powernapping

Der Begriff Powernapping erlangte mit der Fitnesswelle Berühmtheit. Davor handelte es sich bei dem gleichen Begriff um ein schlichtes kurzes Nickerchen. Der Begriff Powernapping kann in die Irre führen, da er suggeriert, dass Energie für einen kurzen Schlaf aufgewendet werden muss. Andersrum gedacht macht es mehr Sinn: Ein kurzes Nickerchen setzt neue Energie frei.

Gerade im Nachtdienst wird der Einsatz solcher energiefreisetzender Nickerchen von Wissenschaftlern befürwortet (Boivin 2007).

Nachfolgend finden sich auszugsweise drei Studien, die den Effekt eines Nappings beschreiben:

- Während einer 12-Stunden-Schicht haben sich einige Pflegende eines Krankenhauses um 3 Uhr nachts 40 Minuten lang für ein Powernapping hingelegt. Im Durchschnitt haben sie ca. 24 Minuten geschlafen. Andere Pflegende hingegen haben kein Nickerchen gehalten. Das Ergebnis: Die Napper zeigten um 7:30 Uhr eine größere Wachheit, mehr Elan, einen geringeren Leistungsabfall, weniger Müdigkeit und weniger Schläfrigkeit.

Daneben wiesen sie in einem Simulator weniger Anzeichen der Schläfrigkeit beim Fahren auf (Smith-Coggins 2006).

- In einer anderen Studie schliefen die Probanden ca. 20 Minuten während der ersten Nachtschicht und steigerten damit ihre Leistungsfähigkeit (Purnell 2002).
- Pflegende, die wenigsten alle zwei Nächte ein kleines Nickerchen während des Nachtdiensts machten, reduzierten mit dem Powernapping Beschwerden des Muskel- und Skelettsystems. Nach einer Runde Powernapping gaben die Pflegenden geringer Schmerzen in Händen und Beinen an (Takahashi 2009).

Welche Dauer und Häufigkeit tatsächlich den größten Effekt zeigt, wird in Zukunft noch weiter untersucht werden. Doch unterm Strich zeigt das Nickerchen am Arbeitsplatz positive Effekte.

Zur Durchführung eines solchen Powernappings muss selbstverständlich die pflegerische Versorgung auf der Station gewährleistet sein. So kann ein Bereitschaftsdienst oder eine zweite Pflegende den Ausfall kompensieren.

Es sollte eine Dauer festgelegt werden, in der ein kurzer Schlaf inklusive Einschlaf- und Aufwachzeit möglich ist. Dies kann zwischen 30–60 Minuten betragen. Der Raum für das Nickerchen sollte ruhig und dunkel sein. Störungen sollten vermieden werden.

Ob das Powernapping funktioniert, ist auch von der jeweiligen Person abhängig. Während die eine gezielt kurz abschalten kann, befinden sich andere in ständiger Alarmbereitschaft und können so nicht weg dösen.

Bei einer Untersuchung zum Thema Powernapping an der Intensivpfleger befragt wurden, berichteten einige regelmäßig ein Nickerchen zu halten; andere hingegen legten sich nie hin, da sie sich danach noch erschöpfter fühlten (Fallis 2011). Frauen, die nach der Nachtschicht noch im Haushalt und der Kinderbetreuung tätig sind, profitieren von dem kurzen Nickerchen (Silva-Costa 2013). Sie müssen daher für sich selbst herausfinden, ob ein Nickerchen zwischendurch für Sie erholsam oder ermüdend und damit kontraproduktiv ist.

Stößt das Konzept des Powernappings in einem Team auf offene Ohren, müssen gemeinsam die Barrieren, die ein kurzes Nickerchen verhindern, besprochen und ggf. minimiert werden z. B. keine Ruhemöglichkeiten.

Eine Methode zum Powernapping stellt die Schlüsselmethode dar.

Schlüsselmethode
Setzen Sie sich auf einen Stuhl. In der ausgestreckten, aufliegenden Hand halten Sie einen Schlüsselbund. Wenn der Schlaf ihren Körper übermannt, fällt infolge der muskulären Erschlaffung der Schlüsselbund auf den Boden. Durch das Geräusch werden Sie nun wieder wach. Es ist nicht zu empfehlen, dieser Methode alleine im Nachtdienst nachzugehen, da man nicht immer vom Klirren der Schlüssel aufwacht.

7.4 In aller Kürze

Ein gesunder Schlaf stellt neben der gesunden Ernährung und Bewegung die dritte Säule der gesunden Lebensführung dar:

- Ein Zyklus durch alle fünf Schlafphasen dauert ca. 90 Minuten.
- Richten Sie sich eine gesunde Schlafumgebung ein.
- Nutzen Sie das Bett neben Sex nur zum Schlafen.
- Gehen Sie am Tag Aktivitäten an der frischen Luft nach.
- Greifen Sie auf unterschiedliche Einschlafrituale zurück.
- Beachten Sie die Auswirkungen von Medikamenten und Genussmitteln auf Ihren Schlaf.
- Ihr Tagschlaf während des Nachtdienstes sollte zwischen 7 bis 8 Stunden betragen. Sie können Ihren Schlaf auch splitten, wobei eine zusammenhängende Hauptschlafzeit von 4 Stunden nicht unterschritten werden sollte.
- Vermeiden Sie potenzielle Störungen während ihres Tagschlafs.
- Nach dem letzten Nachtdienst sollten Sie nach ca. 5 Stunden Schlaf aufstehen und abends recht früh das Bett aufsuchen.
- Ein Powernapping während der Nachtschicht kann Ihre Wachheit, Konzentration und Leistungsbereitschaft fördern.
- Ob Powernapping ein probates Mittel ist, hängt zum einen von Ihrer persönlichen Konstitution und den Rahmenbedingungen am Arbeitsplatz ab.

Literatur

BKK Bundesverband (2005) Besser leben mit Schichtarbeit 6. Aufl. Essen. S. 19–24

Boivin DB, Tremblay GM, James FO (2007) Working on atypical schedules. Sleep Medicine 8: 578–589

BAUA Bundesanstalt für Arbeitsschutz und Arbeitsmedizin (2005) Leitfaden zur Einführung und Gestaltung von Nacht- und Schichtarbeit 9. Aufl. Berlin

Daurat A, Foret J (2004) Sleep strategies of 12-hour shift nurses with emphasis on night sleep episodes. Scand J Work Environ Health 30: 299–305

DGSM Deutsche Gesellschaft für Schlafforschung und Schlafmedizin (2011) Schlafhygiene. Patientenratgeber der Deutschen Gesellschaft für Schlafforschung und Schlafmedizin (DGSM). http://www.charite.de/dgsm/dgsm/downloads/dgsm/arbeitsgruppen/ratgeber/Patientenratgeber-Schlafhygiene-broschuere.pdf (Letzter Zugriff: 29.01.2015).

Fallis WM, McMillan DE, Edwards MP (2011) Napping During Night Shift: Practices, Preferences, and Perceptions of Critical Care and Emergency Department Nurses. Critical Care Nurse 31: e1–e11

Fietze I (2014) Wider Sonne und Mond. Pflegezeitschrift 67: 392–395

Kawada T (2002) Effect of age on sleep onset time in rotating shift workers. Sleep Medicine 3: 423–426

Purnell MT, Feyer AM, Herbison GP (2002) The impact of a nap opportunity during the night shift on the performance and alertness of 12-h shift workers. J Sleep Res 11: 219–227

Schmal J (2014) Gesund trotz Nachtdienst. Heilberufe 66: 42–43

Silva-Costa A, Fischer FM, Griep RH, Rotenberg L (2013) Relationship between napping during night shift work and household obligations of female nursing personnel. Intern J Gen Med 6: 227–231

Smith-Coggins R, Howard SK, Mac DT et al. (2006) Improving alertness and performance in emergency department physicians and nurses: The use of planned naps. Ann Emerg Med 48: 596–604e3

Spork P (2008) Das Schlafbuch. Rowohlt, Reinbek bei Hamburg. S. 175–178

Takahashi M, Iwakiri K, Sotoyama M, Hirata M, Hisanaga N (2009) Musculoskeletal pain and night-shift naps in nursing home care workers. Occupat Med 59: 197–200

Töpsch K (2013) Bis 67 fit für die Pflege. Älter werden im Beruf. Heilberufe 65: 40–42

Wright Jr KP, Bogan RK, Wyatt JK (2013) Shift work and the assessment and management of shift work disorder (SWD). Sleep Med Rev 17: 41–54

Zulley J (2010) Mein Buch vom guten Schlaf 2. Aufl. Goldmann, München

Entspannung in den Schichtdienstalltag integrieren

J. Schmal

J. Schmal, *Ausgeschlafen? – Gesund bleiben im Schichtdienst für Gesundheitsberufe (Top im Gesundheitsjob)*,
DOI 10.1007/978-3-662-46986-6_8

Entspannungsverfahren wirken den gesundheitlichen Belastungen des Schichtdiensts positiv entgegen. Arbeiter im Schichtdienst wird empfohlen sowohl bei der Arbeit als auch im privaten Bereich ein entspannungsförderliches Umfeld zu schaffen. Das Autogene Training, die Progressive Muskelrelaxation und die Achtsamkeitsmediation sind die prominentesten Entspannungsverfahren, die mit etwas Übung auch in den Alltag im Schichtdienst integriert werden können.

Zumeist ist die Arbeit im Schichtdienst eines nicht: entspannend. Daher kann es Sinn machen, sich und den Dienst von Zeit zu Zeit einmal zu entspannen, indem auf die Erfahrungen und Kenntnisse prominenter Entspannungsverfahren zurückgegriffen wird [▶ Kollak I (2014) Time-out. Springer, Berlin Heidelberg]. Sie können:

- im Arbeitsalltag eine kleine Oase der Ruhe, Entspannung und Ausgeglichenheit schaffen,
- in der Freizeit helfen abzuschalten, das Bewusstsein zu schärfen und neue Energie zu schöpfen.

Mein Akku ist leer

Rettungssanitäter Robert ist nach seiner Schicht erschöpft. Dieses Gefühl, dass einer leeren Batterie ähnelt, kann mit diversen Entspannungsverfahren wieder aufgeladen werden. Die bewusste Entspannung könnte Robert helfen, zur Ruhe zu kommen und ihm dadurch die Vitalität zurückgeben, die er in seinem Alltag derzeit vermisst.

Die bekanntesten Entspannungsmethoden stellen das Autogene Training, die Progressive Muskelrelaxation nach Jacobson, die Achtsamkeitsmeditation und Yoga dar. Welches Verfahren Ihnen am meisten zusagt, müssen Sie selber erproben. Es empfiehlt sich hier auf weiterführende Literatur zurückzugreifen, da in diesem Buch nur begrenzt auf die ausführliche Durchführung der Methoden eingegangen wird. Gerne können Sie auch Tonträger nutzen, die eine Entspannung zunächst führen und später begleiten.

Regional können Sie Kurse an Volkshochschulen oder bei privaten Anbietern finden. Hier kann es nicht schaden, sich bei der eigenen Krankenkasse nach unterstützten Angeboten zu erkundigen.

In einigen Einrichtungen des Gesundheitswesens werden im Rahmen der betrieblichen Gesundheitsförderung zusätzlich Entspannungskurse für die Mitarbeiter angeboten. Diese sollten immer freiwillig sein, da der Vorgang der Entspannung niemals erzwungen werden kann. Entspannung geht mit Freiwilligkeit einher.

Der Effekt eines Entspannungsverfahrens kann nicht von jetzt auf gleich in den Arbeitsalltag transferiert werden. Sie sollten in einem sicheren Rahmen innerhalb eines privaten Settings Sicherheit in der Durchführung erlangen. Nach und nach lassen sich die Grundprinzipien der Entspannung dann in das Arbeitsfeld integrieren. Daher würde auch die frisch examinierte Gesundheits- und Krankenpflegerin Ute vom Erlernen eines Entspannungsverfahrens profitieren, auch wenn es ihr derzeit als noch nicht notwendig erscheint. Zum einen würde sie dadurch einer neuen stressigen Situation entspannter entgegen blicken und zum anderen bereits eingespielte Entspannungsmechanismen vorweisen können, um die Unruhe abzufangen.

Mal eben Eine rauchen

Ute geht derzeit im Dienst öfters mal eine Zigarette rauchen um »abzuschalten« oder um »mal rauszukommen«.

Mit der Entspannung hätte sie hier eine erfolgsträchtigere und gesündere Methode.

Das Erlernen von Entspannungsverfahren benötigt Zeit. Übertriebene Vorstellungen von einem zeitnahen und allumfassenden Gefühl der Ruhe und Entspannung sind kontraproduktiv. Lassen Sie die Entspannung einfach geschehen. Erfolge werden sich somit von selbst zeigen.

8.1 Ein entspannungsförderliches Umfeld schaffen

Wenn Sie beschlossen haben ein Entspannungsverfahren zu erlernen, sollten Sie sich zunächst ein entspannungsförderliches Umfeld schaffen.

Zunächst sollten Sie der Entspannung eine feste Zeit in ihrem Terminplaner zuordnen. Sehen Sie diese Zeit als eine Investition in ihre Zukunft. Nach einem gewissen Zeitraum werden Sie dann die Früchte in Form von Ruhe und Gelassenheit ernten.

Diese Zeiten zur Entspannung sollten Sie wie andere wichtige Termine betrachten. Schieben Sie diese also nicht auf. Die Termine sind verbindlich. Informieren Sie Ihre Familie über die Zeit, in der sie der persönlichen Entspannung nachgehen. So beugen Sie Störungen vor. Da ein »Entspannungstermin« ohnehin nicht länger als eine Stunde andauert, können Sie Freunde und Familie auf die Zeit danach verweisen. Schalten Sie das Handy aus, stellen Sie das Telefon lautlos und suchen Sie sich einen persönlichen Ort der Ruhe. Falls Sie keinen extra Raum verwenden können, weichen Sie auf den Ort in ihrem Heim aus, der mit dem geringsten Störungs- und Ablenkungspotenzial einhergeht.

Ein ruhiger Ort…

- ist ruhig gelegen z. B. abgewandt von einer Straße,
- ist frei von Möglichkeiten der Ablenkung,
- ist reizarm z. B. schlicht gehalten ohne grelle Farben und Muster,
- ist relativ großzügig geschnitten und engt Sie nicht ein,
- bietet die Möglichkeit die Tür hinter sich zu schließen,
- ist angenehm temperiert und gut gelüftet.

8.2 Autogenes Training

Das Autogene Training geht auf den Berliner Arzt J.H. Schultz zurück und stellt eine Art Selbsthypnose dar, die es dem Anwender erlaubt psychische Anspannungen zu reduzieren und langfristig gelassener zu werden. Bei der Durchführung erlangt man das Bewusstsein, körperliche Prozesse wie Anspannungen und Unruhe mithilfe der eigenen Gedankenkraft zu regulieren. Dieses Bewusstsein kann im pflegerischen Alltag behilflich sein. Stressigen Situationen im Schichtdienst kann hierdurch mit Ruhe begegnet werden. In den Grundstufen des Autogenen Trainings wird die eigene Aufmerksamkeit auf die Ruhe, Schwere und Wärme des eigenen Körpers gelenkt und diese Empfindungen bewusst verstärkt (Hoffman 2009, Schmal 2014a).

Schwere

Legen Sie sich flach auf den Boden. Ihre Arme liegen neben Ihrem Körper. Ihre Beine sind gerade ausgestreckt und überkreuzen sich nicht. Atmen Sie dreimal tief ein und aus. Fühlen Sie in Ihren dominanten Arm hinein (bei Rechtshändern ist dies der rechte, bei Linkshändern der linke) und sprechen Sie laut oder in Gedanken die Formel »*Mein rechter (bzw. linker) Arm ist ganz schwer.*« Wiederholen Sie dies über einen Zeitraum von ca. 2 Minuten fünfmal. Dies entspricht einem Satz. Absolvieren Sie insgesamt drei Sätze mit der Konzentration auf ihren dominanten Arm. Atmen Sie dabei ruhig weiter und erspüren Sie das Gewicht ihres Arms. Gönnen Sie sich zwischen den Sätzen die Zeit und Ruhe in ihren Arm hinein zu fühlen und die aufkommende Schwere zu genießen. Gehen Sie dabei gedanklich in Ihre Fingerspitzen, Ihren Unter- und Oberarm. Fühlen Sie die Schwere dort, wo der Arm aufliegt. Erspüren Sie den Unterschied zu Ihrem anderen Arm. Wiederholen Sie die Schwereformel an Ihrem nichtdominanten Arm und an Ihren Beinen z. B. »*Mein linkes Bein ist ganz schwer.*« Zum Abschluss können Sie die Schwere Ihres gesamten Körpers wahrnehmen. Atmen Sie tief ein und aus, bewegen Sie sich leicht und öffnen Sie Ihre Augen.

An die Übung der Schwere wird in der der Grundstufe des Autogenen Trainings zumeist die Übung der Wärme angefügt. Hierbei wird zunächst ein wohlig warmes Gefühl in den Extremitäten empfunden, das später auf den gesamten Körper übergeht. Durch die Kombination von Wärme und Schwere wird die mit dem Autogenen Training assoziierte Entspannung eingeleitet. Die nachfolgende Übung kann helfen, in stressigen Situationen einen kühlen Kopf zu bewahren.

Einen kühlen Kopf bewahren
Setzen sich auf einen bequemen Stuhl. Ihre Füße berühren mit der Sohle den Boden. Ihre Arme liegen auf Ihren Beinen auf und sind nicht überkreuzt. Sie sitzen unverkrampft aufrecht. Ihr Kopf ist leicht nach vorne geneigt. Atmen Sie dreimal tief ein und aus. Sagen Sie sich laut oder in Gedanken: »*Ich bin ganz ruhig.*« Entspannen Sie Ihren Kiefer und Ihre Gesichtszüge. Atmen Sie einige Male tief ein und aus. Fühlen Sie Ihre Stirn. Wiederholen Sie dreimal hintereinander je fünfmal die Formel »*Meine Stirn ist angenehm kühl.*« Fühlen Sie zwischen den Sätzen in Ihre Stirn hinein. Sie können sich dabei vorstellen, Ihre Stirn würde von einer leichten, kühlen und erfrischenden Brise gestreift werden. Atmen Sie zum Abschluss einige Male tief ein, bewegen Sie Ihren Kopf und aktivieren Sie Ihre Gesichtsmuskeln, bevor Sie Ihre Augen öffnen.

8.2.1 Integration in den Schichtdienst

Nutzen Sie die Zeit in Ihren Pausen. Geübte Menschen, die über einen längeren Zeitraum das Autogene Training betreiben, können in kürzester Zeit Ruhe-, Schwere- und Wärmeempfindungen erzeugen. Sie rufen in diesem Moment die trainierten Regulationsfunktionen ab und können sich »mal eben« aktiv entspannen.

Rettungssanitäter Robert könnte so die Wartezeit zwischen seinen Einsätzen mit Entspannung überbrücken. Nach dem Dienst wäre er so nicht länger über alle Maßen erschöpft.

Statt der Zigarette zwischendurch könnte sich Ute ein paar Minuten der tatsächlichen Entspannung gönnen. Die Zigarettenlänge von fünf bis sieben Minuten hätte sie so nachhaltiger in ihre Gesundheit und ihre Stresstoleranz investiert. Zudem könnte sie, falls sie das Autogene Training länger betreibt, die Methode sogar verwenden, um ihren Wunsch mit dem Rauchen aufzuhören zu unterstützen. Im Rahmen der Selbsthypnose könnte sie mit Formel wie »*Ich fühle mich frei ohne Zigaretten.*« oder »*Mir sind Zigaretten gleichgültig.*« den Prozess der Nikotinentwöhnung unterstützen.

Praxistipp

Versuchen Sie im Arbeitschaos und Stress die entspannten Minuten zu sehen. Beobachten Sie Ihren Dienst dazu einige Tage einmal genau. Existiert wirklich keine Minute um einmal durchschnaufen zu können und in sich zu gehen? Zu welchen Zeiten können Sie sich einmal gedanklich ausklinken? Vielleicht finden Sie den Raum kurz nach Dienstbeginn oder kurz vor der Übergabe. Vielleicht fällt Ihnen die Zeit gar nicht auf, weil Sie auf etwas z. B. eine Visite warten? Identifizieren Sie die freien Minuten in ihrem Dienst. Evtl. tauchen diese Zeiten im Rahmen einer Routine wiederholt auf. So können Sie die Zeit für eine kurze Entspannung zwischendurch nutzen.

8.3 Progressive Muskelrelaxation

Die Progressive Muskelrelaxation (PMR) geht auf den US-amerikanischen Arzt Edmund Jacobson zurück. Sie stellt eine effektive Entspannungsmethode dar, deren Erfolge in mehreren Studien nachgewiesen wurde.

Ausgehend von der Annahme, dass sich eine psychische Erregung z. B. durch Stress in einer muskulären Anspannung widerspiegelt, wird bei der Progressiven Muskelrelaxation der Spieß umgedreht. Durch eine gezielte An- und Entspannung von Extremitäten und Körperregionen wird eine psychische Entspannung forciert.

Dieser Effekt wird auch als Leib-Seele-Reaktion beschrieben.

Mit der PMR können verschiedene Ziele verfolgt und realisiert werden. Dazu zählen u. a. selbstverständlich das genussvolle Gefühl für Entspannung, die Förderung und Begleitung des Einschlafprozesses, die langfristige Reduktion der Erregungsbereitschaft in stressigen Situationen und die allgemeine Verbesserung der Wahrnehmung des Körperselbstbilds.

Bei der Progressiven Muskelrelaxation werden einzelne Muskelgruppen für einige Sekunden gezielt angespannt. Anschließend werden die Muskeln entspannt. Damit wird das Erleben und Erfühlen von An- und Entspannung sowie als auch der Kontrast dazwischen wahrgenommen. An- und Entspannung stehen im Verhältnis 1 zu 3. Spannen Sie z. B. 10 Sekunden an, entspannen Sie im Anschluss 30 Sekunden. Die Durchführung der PMR nimmt in seiner Ursprungsform bei der 16 Muskelgruppen kontrahiert werden ca. 45 min bis zu einer Stunde in Anspruch. Anschließend finden sich kurze Übungen, um in die Methode der Muskelentspannung hinein zu schnuppern (Schmal 2014b, Schmal 2014c, Schmal 2015, Ong 2012).

Nacken und Schultern entspannen

Setzen Sie sich ohne sich anzulehnen auf einen Stuhl. Ihre Beine stehen nebeneinander auf dem Boden, Ihre Arme liegen auf Ihren Oberschenkeln. Richten Sie sich im Sitzen kurz auf und lassen Sie sich unverkrampft leicht sacken. Ihr Kopf sinkt angenehm nach unten. Diese Position nennt sich Droschkenkutscherhaltung. Schließen Sie Ihre Augen und atmen Sie dreimal tief ein und aus. Ziehen Sie Ihre Schultern in Richtung Ihrer Ohren hoch bis Sie ein Gefühl der Anspannung verspüren. Dies sollte nicht als unangenehm aber als Anstrengung empfunden werden. Verkrampfen Sie nicht und atmen Sie ruhig weiter. Fühlen Sie in die Anspannung für eine halbe Minute hinein. Dabei können Sie die muskuläre Spannung langsam weiter aufbauen.

Entspannen Sie langsam Ihre Schultern mit dem Ausatmen und lassen Sie diese nach unten gleiten. Fühlen Sie in die entspannte Muskelgruppe für eineinhalb Minuten hinein. Spüren Sie den Unterschied zwischen An- und Entspannung.

Führen Sie den Ablauf mit den Schultern insgesamt dreimal durch. Spannen Sie nun den Nacken an. Drücken Sie dazu Ihren Kopf nach hinten bis Sie die Spannung spüren. Bauen Sie diese weiter auf. Halten Sie die Anspannung für eine halbe Minute. Lassen Sie mit dem Ausatmen anschließend Ihren Kopf nach vorne in eine angenehme Position gleiten. Spüren Sie die Entspannung für ca. eineinhalb Minuten. Auch hier sollten Sie insgesamt drei Durchgänge absolvieren.

Zum Abschluss spannen Sie ihre obere Rückenmuskulatur an. Ziehen Sie dazu Ihre Schulterblätter nach hinten. Halten Sie die Spannung für eine halbe Minute. Entspannen Sie mit dem Ausatmen und spüren Sie in die Muskelpartien für eineinhalb Minuten hinein. Wiederholen Sie diesen Vorgang ebenfalls dreimal.
Zum Abschluss recken und strecken Sie sich und öffnen langsam die Augen.

Pflegende legen während Ihres Diensts mitunter enorme Strecken zurück. Daneben stehen Sie bei den meisten pflegerischen Tätigkeiten und sitzen nur bei wenigen Aufgaben wie z. B. der Dokumentation und entlasten damit die Beine. Die nachfolgende Übung kann helfen die Beine nach einem anstrengenden Dienst zu entspannen (► Abschn. 9.2).

Schwere Beine nach dem Dienst
Nehmen Sie zunächst die in Übung »Nacken und Schultern entspannen« beschriebene Droschkenkutscherhaltung ein. Atmen Sie dreimal tief ein und aus. Kneifen Sie nun für ca. eine halbe Minute Ihre Gesäßbacken zusammen und spannen Sie parallel die Oberschenkel an. Bauen Sie die Spannung langsam auf, fühlen Sie in die Spannung hinein und atmen Sie ruhig weiter. Lösen Sie die Spannung mit dem Ausatmen und spüren Sie in die entspannten Muskelpartien hinein. Wiederholen Sie dies insgesamt dreimal.
Drücken Sie nun Ihre Fersen gegen den Boden und heben Sie Ihre Zehen leicht an. Das Ziel ist eine Spannung in der Unterschenkelmuskulatur zu spüren. Halten Sie diese wieder für eine halbe Minute und lösen Sie die Anspannung mit dem Ausatmen. Nehmen Sie das Kontrasterlebnis für ca. eineinhalb Minuten wahr. Führen Sie auch dies insgesamt dreimal durch.
Krallen Sie nun Ihre Zehen zusammen. Halten Sie die Spannung und lösen Sie diese nach einer halben Minute. Erspüren Sie die einsetzende Entspannung. Nach der obligatorischen dreifachen Wiederholung recken und strecken Sie sich.

8.3.1 Integration in den Schichtdienst

Im Gegensatz zum Autogenen Training lässt sich die Progressive Muskelrelaxation nach einiger Zeit der Übung auch problemlos während diverser Tätigkeiten durchführen. So können Sie während eines Übergabegesprächs gezielt diverse Muskelpartien an- und entspannen – sogar ohne dass dies Ihre Arbeitskollegen wahrnehmen. Hier bieten sich kurze Kontraktionen der Unterarme, der Hände, der Beine oder des Gesäßes an. Der Effekt der PMR ist allerdings größer, wenn Sie sich Zeit und Ruhe zur Durchführung gönnen.

Kurzformen der PMR lassen sich in einem Zeitraum von ca. 10 Minuten auch während einer Pause durchführen. Hier ist die Suche nach einer ruhigen Umgebung angezeigt.

Wie auf dem Bahnhof...

Die Mitarbeiter von Ingrid beklagen sich bei ihr immer wieder, dass ihr Pausenraum keine wirkliche Pause zulässt. Ein kommen und gehen von Personen, das Gepiepse der Patientenrufanlage und die murmelnden Gespräche im Hintergrund erinnern viel mehr an einen Bahnhof, als an einen Ort der Ruhe und Entspannung.

Stationsleitung Ingrid könnte so den Gedanken, einen Raum zur Entspannung des Teams ins Leben zu rufen, weiter an die Geschäftsführung ihrer Einrichtung tragen. Pausenräume stellen nur selten einen tatsächlichen Raum zur Erholung dar. Die Patientenklingel, die »scheinbare Ansprechbarkeit« durch die bloße Anwesenheit für die einzelnen Mitglieder des therapeutischen Teams schränkt das Bedürfnis und das gute Recht kurz abzuschalten und seine Pause wirklich wahrzunehmen ein.

8.4 Achtsamkeitsmeditation

Die Achtsamkeitsmeditation hat ihren Ursprung in der fernöstlichen Welt (Kabat-Zinn 2011, Ott 2010, Schmal 2014d). Sie zielt darauf ab den Körper und die Psyche zu entspannen und das Hier und Jetzt mehr wahrzunehmen.

Der deutsche Philosoph Martin Heidegger unterschied in seinem Werk »Sein und Zeit« zwei grundsätzliche Arten das Leben wahrzunehmen und in ihm zu sein (Heidegger 2006).

- Zum einen beschrieb er den Zustand des Vergessens des Seins. In diesem Zustand geht man den regelmäßigen Beschäftigungen nach, verliert sich in Tätigkeiten, ohne diese bewusst wahrzunehmen, und nimmt die Umstände als unveränderbar und gegeben hin. **Der Mensch vergisst im Trubel und in der Hektik sein eigenes Sein.**
- Der zweite Zustand laut Heidegger ist der Zustand des Bewusstseins des Seins. In diesem Zustand erkennt man sein Selbst, weiß tatsächlich um seine eigene Existenz und um die eigene Verantwortung das Leben zu führen. **Der Mensch akzeptiert sich und erlangt ein tieferes Verständnis von der Sinnhaftigkeit seines Lebens.**

Mit der Achtsamkeitsmeditation kann eine Brücke von der Alltagshektik hin zu einem tieferen Verständnis für sich und sein eigenes Leben geschlagen werden. Das Bewusstsein kann somit geschärft werden, weswegen den meditativen Techniken auch eine Bewusstseinserweiterung zugesprochen wird.

Dies stellt allerdings nicht das vordergründige Ziel der Achtsamkeitsmediation dar. Vielmehr steht die entspannende und in gewissem Maße bewusstseinsschärfende Wirkung im Vordergrund. Wer achtsam ist, schenkt seinen Tätigkeiten Aufmerksamkeit und Konzentration.

Beim Meditieren schenkt man so z. B. der Atmung und den Signalen des Körpers Aufmerksamkeit und lernt diese zu akzeptieren und zu einer ruhigeren Grundhaltung zu gelangen.

Body-Scan

Der Body-Scan ist eine Methode, um seinen Körper bewusster wahrzunehmen. Dabei werden einzelne Körperregionen bewusst erspürt bzw. »gescannt«. Legen Sie sich dazu entspannt auf den Rücken, ihre Extremitäten sind nicht überkreuzt.

Wandern Sie nun gedanklich durch Ihren Körper. Beginnen Sie z. B. an Ihrem linken Fuß. Erspüren Sie die einzelnen Zehen, den Fußrücken usw. Wandern Sie nun langsam Ihr Bein nach oben. Durchfühlen Sie im Anschluss Ihr rechtes Bein, Ihren Unterleib, Ihren Brustkorb, Ihre Arme und Ihren Kopf. Schenken Sie allen Körperpartien in etwa gleich viel Aufmerksamkeit auch wenn eine Körperregion z. B. aufgrund von Schmerzen mehr in den Vordergrund zu drängen scheint. Aufkommende Gedanken, die drohen Sie abzulenken, lassen Sie einfach passieren. Erspüren Sie zum Abschluss Ihren gesamten Körper als Einheit. Öffnen Sie langsam Ihre Augen, recken und strecken Sie sich.

Mit dem Body-Scan spenden Sie sich und Ihrem Körper Zeit. Lassen Sie sich diese Zeit nicht von aufkommenden Gedanken, die Sie während der Übung ablenken können, nehmen. Akzeptieren Sie die sich bildenden Gedanken und lassen Sie diese vorbeiziehen. Mit der Zeit werden Sie sich immer besser auf sich und Ihren Körper fokussieren können, ohne von Gedanken abgelenkt zu werden.

Der Weg des Atems stellt eine weitere Übung zum Erlernen der Achtsamkeit dar.

Der Weg des Atems

Der Weg des Atems ist eine Atemübung bei der Sie sich gänzlich auf Ihre Atmung konzentrieren. Setzen Sie sich dazu auf einen Stuhl und nehmen Sie eine entspannte Grundhaltung ein. Atmen Sie dreimal tief ein und aus.

Legen Sie Ihren Fokus nun komplett auf den Weg den Ihr Atem von den Nasenflügeln über den Rachen, die Luftröhre, die Bronchen bis in die Lungenflügel und wieder zurück nimmt. Verfolgen Sie den Weg Ihres Atems für wenige Minuten ohne sich dabei von Gedanken ablenken zu lassen. Sie werden schnell feststellen, dass aufkommende Gedanken sie versuchen werden vom Weg Ihres Atems weg zu tragen. Akzeptieren Sie dies und konzentrieren Sie sich immer wieder auf Ihren Atem. Mit der Zeit können Sie die Zeit ausdehnen in der Sie ganz achtsam bei sich und Ihrem Atem sind.

8.4.1 Integration in den Schichtdienst

Achtsamkeit bedeutet seinen Tätigkeiten mehr Aufmerksamkeit zu schenken und lässt sich damit leicht in das Arbeitsfeld integrieren.

Nehmen Sie sich dazu vorzugsweise kurze, klar abgegrenzte Aufgaben, die Sie nicht im Sinne von Multi-Tasking fordern. Eine pflegerische Tätigkeit achtsam durchzuführen, impliziert nicht gedanklich bereits die nächste durchzugehen, sondern sich der derzeitigen voll und ganz zu widmen. Dies kann so z. B. eine atemstimulierende Einreibung, eine Körperpflege oder ein Verbandswechsel sein. Einer Tätigkeit achtsam nachzugehen bedeutet, diese nicht unter Zeitdruck absolvieren zu müssen. Wählen Sie daher Zeitpunkte, bei denen Sie der Ansicht sind, diese würden eine achtsame Durchführung einer pflegerischen Maßnahme erlauben. Gerne können Sie auch Ihre Kollegen informieren, dass Sie für die von Ihnen ausgewählte Aufgabe nicht gestört werden wollen.

Entgegenkommender Skepsis können Sie mit der Tatsache, der Pflege-Patienten-Interaktion bewusst Zeit schenken zu wollen, entkräften. So wird z. B. durch eine achtsam durchgeführt atemstimulierende Einreibung nicht nur das Wohlbefinden des Patienten sondern auch die Beziehung gesteigert. Daneben profitieren auch Pflegende, da die aufgewendete Zeit als sinnstiftend erlebt wird und damit oftmals die Grundmotivation den Pflegeberuf zu ergreifen befriedigt wird [▶ Schmidt S (2014) Take Care. Springer, Heidelberg Berlin].

Auch eine Meditation vor Schichtbeginn kann helfen, den Dienst besser zu bewältigen und langfristig die Gesundheit zu fördern (Bienstein 2014).

Welches Entspannungsverfahren passt zu mir?

Der Selbstcheck kann Ihnen helfen das passende Entspannungsverfahren für Sie zu finden. Lassen Sie sich allerdings nicht entmutigen, weitere Methoden der Entspannung auszuprobieren.

Sie sind eher der Typ für das Autogene Training, wenn…

- …Ich möchte stressigen Situationen gelassener entgegenblicken können.
- …Ich kann mich gut konzentrieren.

Sie sind eher der Typ für die Progressive Muskelrelaxation, wenn…
- …Ich habe Probleme damit länger still zu sitzen oder zu liegen.
- …Ich möchte meine Körperwahrnehmung verbessern.

Sie sind eher der Typ für die Achtsamkeitsmediation, wenn…
- …Ich möchte allgemein achtsamer und bewusster durchs Leben gehen.
- …Ich bin geduldig und erwarte keine allzu schnellen Erfolge.

8.5 In aller Kürze

Das Erlernen und Praktizieren von Entspannungsverfahren ist eine klare Empfehlung für Schichtarbeiter.
- Die prominentesten Entspannungsverfahren sind das Autogene Training, die Progressive Muskelrelaxation und die Achtsamkeitsmeditation.
- Nehmen Sie sich zum Erlernen Zeit, schaffen Sie ein entspannungsförderliches Umfeld.
- Beim Autogenen Training können Sie zu Beginn auf die Übungen Schwere und Wärme zurückgreifen.
- Bei der Progressiven Muskelrelaxation wird durch gezielte An- und Entspannung verschiedener Muskelgruppen ein Zustand der Entspannung erreicht.
- Zum Erlernen der Achtsamkeitsmeditation können Sie zu Beginn auf den Body-Scan und diverse Atemübungen zurückgreifen.
- Greifen Sie auf Angebote der betrieblichen Gesundheitsförderung zurück.
- Setzen Sie sich für einen Raum der Entspannung an ihrem Arbeitsplatz ein, an dem Sie abschalten können und nicht gestört werden.

Literatur

Bienstein C, Mayer H (2014) Nachts im Krankenhaus. Schwester Pfleger 53: 428–433

Heidegger M (2006) Sein und Zeit. 19. Aufl. Max Niemeyer, Tübingen

Hoffman B (2009) Handbuch Autogenes Training. 18. Aufl. dtv, München

Kabat-Zinn J (2011) Gesund durch Meditation. Das große Buch der Selbstheilung. Knaur, München

Schmal J (2014a) Die Gesundheit pflegen. Autogenes Training. Heilberufe 66 (3): 48–49

Schmal J (2014b) Wege zur Entspannung. Progressive Muskelrelaxation. Heilberufe 66 (2): 48–49

Schmal J (2014c) »Einmal entspannen, bitte!« Die Methode der Progressiven Muskelrelaxation nach Jacobson in der Pflegeausbildung. PADUA 9: 222–224

Schmal J (2014d) Die Achtsamkeitsmeditation. Wege zur Entspannung. Heilberufe 66 (4): 48–49

Schmal J (2015) Ganz leicht entspannen. Progressive Muskelrelaxation. Schwester Pfleger 54: 48–49

Ong JC, Ulmer CS, Manber R (2012) Improving sleep with mindfulness acceptance: a metacognitive model of insomnia. Behav Res Ther 50: 651–660

Ott U (2010) Meditation für Skeptiker. Ein Neurowissenschaftler erklärt den Weg zum Selbst. O.W. Barth, München

Bewegung und Sport im Schichtdienst

J. Schmal

J. Schmal, *Ausgeschlafen? – Gesund bleiben im Schichtdienst für Gesundheitsberufe (Top im Gesundheitsjob)*,
DOI 10.1007/978-3-662-46986-6_9

Der gesundheitliche Nutzen von Sport und Bewegung für Mitarbeiter im Schichtdienst ist unbestritten. Mit vielen kleinen Tipps kann die Bewegung gefördert und körperliche Aktivität in den Alltag im Schichtdienst eingebettet werden. Rückenschonendes Arbeiten ist zur Vermeidung von Belastungen des Bewegungsapparats deutlich zu empfehlen. Darüber hinaus können Mitarbeiter im Schichtdienst das Gefühl müder Beine reduzieren und behandeln.

Neben einem erholsamen Schlaf (▶ Kap. 7) und einer gesunden Ernährung (▶ Kap. 6) stellt die Bewegung eine weitere bedeutende Säule der gesunden Lebensführung dar.

Regelmäßige Bewegung an der frischen Luft hilft ihnen Stress abzubauen, besser zu schlafen, den zirkadianen Rhythmus zu stärken, Übergewicht zu reduzieren und sich fitter zu fühlen.

Gerade Schichtdienstarbeiter sollten sich sportlich betätigen, um den vielfältigen gesundheitlichen Belastungen entgegen zu wirken (Atkinson 2008). Es werden u. a. nachfolgende drei Gründe aufgeführt, die davon abhalten Sport zu treiben:

- keine Zeit z. B. voller Terminkalender,
- keine Unterstützung z. B. familiäre und soziale Verpflichtungen,
- keine Möglichkeiten z. B. Regen, wenn man Joggen möchte, kein Fitnessstudio in der Nähe etc.

Jeder Schritt zählt!

Machen Sie sich bewusst, dass jede Bewegung besser ist als keine. Bestenfalls erstellen Sie einen Sport- und Bewegungsplan für sich. Peilen Sie eine tägliche Bewegung von ca. 30 min an. Können Sie dies nicht gewährleisten, bemühen Sie sich eine wöchentliche Dauer von 210 Minuten – also 3,5 Stunden nicht zu unterschreiten.

Fit und zufrieden

Beantworten Sie einmal ehrlich die nachfolgenden Fragen:

- Sind Sie zufrieden mit Ihrer körperlichen Fitness?
- Sind Sie zufrieden mit Ihrem Körpergewicht und Ihrer Statur?
- Treiben Sie derzeit regelmäßig Sport? Wenn ja, wie viele Stunden pro Woche?
- Wie viele Stunden verbringen Sie pro Woche an der frischen Luft?

Nachdem Sie Ihre »persönliche Fitness« ermittelt haben, folgt, sofern Sie nicht zu 100% zufrieden mit dem »Ist-Zustand« sind, die Erstellung eins Sport- und Bewegungsplans.

Erstellung eines Sport- und Bewegungsplans

Betrachten Sie zu einem fixen Stichtag in der Woche Ihren Dienstplan und Ihre sonstigen Verpflichtungen über die nachfolgende Woche hinweg. Planen Sie in den Zeiten zwischen den Terminen verbindliche sportliche Aktivitäten ein. Sehen Sie diese Termine als eine vertragliche Vereinbarung zwischen Ihnen und Ihrer Gesundheit.

Sie müssen ja nicht sofort einen Halbmarathon laufen. Ein 30 minütiger flotter Spaziergang, eine Runde Schwimmen, zu Fuß statt mit dem Auto zum Einkaufen gehen, eine intensive Krafttrainingseinheit oder ein Nachmittag mit Freunden auf dem Sportplatz sind schon sehr gut. Sie werden bemerken, dass Sie sich fitter und entspannter fühlen und die Belastungen des Schichtdiensts Sie weniger in Mitleidenschaft ziehen. Wagen Sie also den ersten Schritt.

Vor Nacht- und Spätdienst nicht über die Leistungsgrenze Sport treiben, da Sie sonst zunehmend erschöpft und müde werden.

- **Einfache Tipps für mehr Bewegung im Alltag**
  - Nehmen Sie Treppen statt einem Lift.
  - Gehen Sie zu Fuß oder fahren Sie mit dem Rad zur Arbeit.
  - Parken Sie Ihr Auto auf einem weiter entfernten Parkplatz, um noch einige Meter zu laufen, steigen Sie eine Station früher aus Bus oder Bahn aus.
  - Erstellen Sie einen persönlichen Bewegungsplan, der verbindliche Zeiten für Sport und Bewegung beinhaltet.
  - Probieren Sie etwas Neues aus: Sie können einem Sportverein beitreten oder sich in einem Fitnessstudio anmelden.
  - Neben Laufen und Fahrradfahren steht Ihnen auch Schwimmen als Ausdauersport zur Verfügung.
  - Planen Sie mit Ihrer Familie doch einmal eine Wanderung, eine Fahrradtour oder einen gemeinsamen Ausflug ins Schwimmbad oder an den See.
  - Holen Sie sich Verstärkung: Zu zweit oder in einer kleinen Gruppe werden Sie Ihre Ziele regelmäßig Sport zu treiben eher realisieren. So können Sie sich gegenseitig motivieren und damit den inneren Schweinehund überwinden.
  - Nutzen Sie Angebote der betrieblichen Gesundheitsförderung. Viele Einrichtungen erkennen zunehmend den Wert von Sport- und Bewegungsprogrammen für die Mitarbeiter (BAUA 2008). Weitere Informationen rund um das Thema gesundheitsfördernde Krankenhäuser auf der Homepage des Deutschen Netz Gesundheitsfördernder Krankenhäuser und Gesundheitseinrichtungen e.V. (DNGfK; ▶ dngfk.de).

9.1 Rückenschonendes Arbeiten

Rückenschonendes Arbeiten sollte im Rahmen der Selbstpflege eine feste Größe einnehmen (BAUA 2008). Fehlt allerdings die personelle Unterstützung oder die notwendige Zeit rückengerecht zu arbeiten, werden die Prinzipien der eigenen Schonung über den Haufen geworfen.

Dabei haben Pflegende mit der Kinästhetik einen Goldschatz, mit dessen Hilfe effiziente Bewegungen und die Wahrnehmung dieser unter Wahrung der persönlichen Gesundheit und der Patientenbedürfnisse machbar sind.

Stellen Sie sich einmal folgende Fragen:

- Hand aufs Herz: Arbeiten Sie rückengerecht? Stellen Sie so z. B. ein Patientenbett zur Durchführung einer pflegerischen Maßnahme konsequent auf Hüfthöhe? Oder rufen Sie stets eine zweite Person für eine aufwändige Positionierungsmaßnahme hinzu?
- Haben Sie mit den Prinzipien der Kinästhetik bereits Erfahrungen gesammelt z. B. einen Grund- oder Aufbaukurs besucht? Wie lange ist dies her? Fühlen Sie sich sicher in der Durchführung und wenden Sie die Prinzipien in der Praxis an?

Ein Argument, dass gegen rückengerechtes Arbeiten oder die Verwendung kinästhetischer Grundprinzipien spricht, ist der Mangel an Zeit.

Sehen Sie es doch einmal anders herum: Wer nicht rückenschonend arbeitet, schädigt damit sich und seinen Bewegungsapparat. In Folge dauern Ihre Arbeiten länger an, Sie werden krank, evtl. erleiden Sie sogar einen Bandscheibenvorfall.

Durch das Nichtdurchführen von rückenschonenden Prinzipien verlieren Sie im Endeffekt nicht nur Arbeits- sondern darüber hinaus noch Lebenszeit.

Verwenden Sie daher also stets Hilfsmittel die Positionierungsmaßnahmen oder Transfers erleichtern. Bestärken Sie sich im Team gegenseitig auf die Hilfsmittel zurückzugreifen und rückengerecht zu arbeiten. Auch wenn die eine oder andere Tätigkeit dadurch länger zu dauern scheint. Treten Sie als Einheit auf und geben Sie aufeinander Acht.

Prüfen Sie den stationären Bestand an Hilfsmitteln. Ist dieser lückenhaft oder beschädigt, informieren Sie Ihre Vorgesetzten, damit Ihnen diese Hilfsmittel einsatzbereit zur Verfügung stehen. Darüber hinaus sollten Sie eine Einweisung zur korrekten Nutzung erhalten.

9.1.1 Stärkung des Rückens

Neben einer Rückenschule oder einem Gerätetraining zum Aufbau und Stärkung der Rückenmuskulatur können Sie auch ohne Hilfsmittel in kurzer Zeit ihrem Rücken etwas Gutes tun (■ Abb. 9.1).

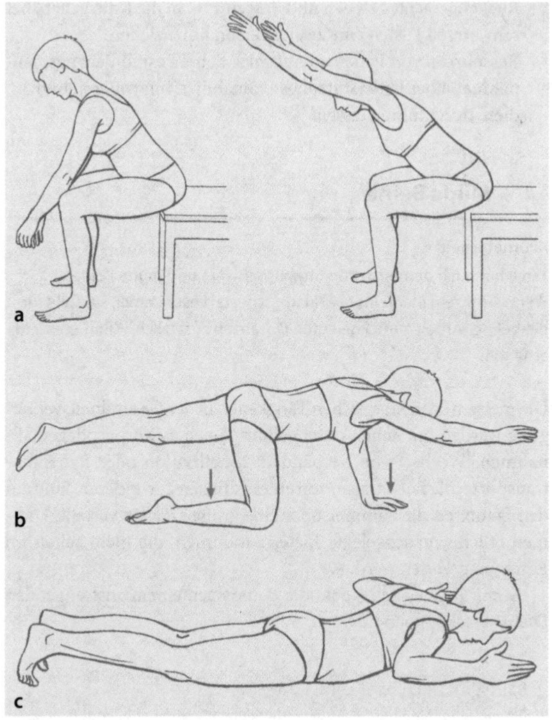

Abb. 9.1 Rückenschule. **a** Statisches Training der Rückenmuskulatur im Sitz. **b** Statisches Training der Rückenmuskulatur im Vierfüßlerstand. **c** Statisches Training der Rückenmuskulatur in Bauchlage. Aus: [Wottke D (2004) Die große orthopädische Rückenschule. Springer, Berlin Heidelberg]

- **Tipps zum rückengerechten Arbeiten (Asmussen-Clausen 2014):**
  - Stärkung des Rückens durch regelmäßige Bewegung und Muskelaufbau z. B. Rückenschule.
  - Arbeitshöhen anpassen, um einen Rundrücken zu vermeiden z. B. Bett zu pflegerischen Maßnahmen hochstellen, Schreibtisch und Stuhl zur Dokumentation optimal ausrichten.

- Rückengerechtes Heben und Tragen z. B. in die Knie gehen, bei schwereren Lasten eine zweite Person hinzuziehen.
- Ressourcen von Patienten nutzen z. B. bei Positionierungsmaßnahmen über Unterstützungsmaßnahmen informieren und diese durchführen lassen.

9.2 Müde Beine

Kilometergeld

Tanja hat nach dem Arbeiten oftmals schwere und müde Beine. Wenn sie ihrem Mann ihr Leid klagt, scherzt dieser immer, sie solle für die bei der Arbeit zurückgelegten Distanzen zusätzlich »Kilometergeld« erhalten.

Die meisten schichttypischen Tätigkeiten in der Gesundheitsversorgung werden im Stehen durchgeführt. Seien es Körperpflegemaßnahmen, Wechsel von Verbänden, Mobilisation oder Patiententransporte; die Füße tragen von einer Tätigkeit zur anderen. Sind auf den Stationen die Zimmer über eine große Distanz verteilt, kommen etliche zurückgelegte Meter zusammen, die nicht selten im Eiltempo gelaufen werden.

Somit liegt es nahe, dass die Beine nach einem anstrengenden Dienst erschöpft sind.

Läufst du noch oder zählst du schon

Testen Sie einmal wie viele Schritte Sie pro Schicht gehen. Legen Sie sich dazu einen Schrittzähler zu. Günstige erhalten Sie bereits ab 10 €. Eine Alternative für den privaten Bereich stellt eine App dar.

Als insgesamt gesundheitsförderlich gilt es ca. 10.000 Schritte pro Tag zu laufen.

Die Bewegung bei der Arbeit ersetzt – auch wenn Sie erschöpfend wirkt – keine sportliche Betätigung an der frischen Luft.

▪ Energie für Ihre Beine

Zunächst sollten Sie Ihre Beinmuskeln aufbauen und Ihren Beinen eine tägliche Erholungszeit einräumen z. B. Beine hoch legen (► Kap. 8).

Legen Sie sich gute Schuhe für die Arbeit zu. Evtl. ist es hilfreich sich in einem Sanitätshaus zu speziellen Einlegesohlen beraten zu lassen.

Um ihre müden Beine wieder zu revitalisieren, können Sie zu Kneipp-Anwendungen greifen:

- **Wasser treten**: Durch ein Kneipp-Becken oder einen kühlen, kniehohen Bach wie ein Storch gehen.
- **Knieguss**: Einen kalten Wasserstrahl ca. 19–20°C z. B. aus dem Duschkopf am rechten Bein außen von unten bis zur Kniekehle nach oben führen, kurz verweilen und auf der Innenseite der Wade nach unten führen. Danach auf der Beinvorderseite, am Schienbein, wiederholen. Nachdem Sie auch Ihr linkes Bein begossen haben, gießen Sie noch Ihre Fußsohlen ab.
- **Schenkelguss**: Durchführung ähnlich dem Knieguss. Allerdings gießen Sie hier bis nach oben zum Beckenkamm.

Fußgymnastik

Sie können Ihre Beine auch mit gezielter Fuß- und Beingymnastik wieder frisch und munter werden lassen. Diese Übungen können Sie auch während der Arbeit absolvieren – bei einigen wird nicht mal auffallen, dass Sie Gymnastik betreiben:

- Setzen Sie sich auf einen Stuhl. Ihre Beine stehen ohne Schuhe flach auf dem Boden. Krallen Sie Ihre Zehen ein und strecken Sie diese anschließend; ca. 1–2 Minuten im Wechsel durchführen.
- Stehen Sie mit leicht nach vorne gekipptem Becken.
  Gehen Sie langsam auf die Zehenspitzen und wieder zurück; ca. 12–15 Wiederholungen á 3 Sätze.
- Heben Sie auf einem Stuhl sitzend abwechselnd Ihre Beine an und kreisen Sie mit Ihren Füßen ca. 10 Mal um die eigene Achse.

9.3 In aller Kürze

Die Arbeit im Schichtdienst belastet den Bewegungsapparat. Neben einem erholsamen Schlaf und einer gesunden Ernährung sollten Sie daher Wert auf eine ausreichende Bewegung und sportliche Betätigung legen:

- Erstellen Sie einen Sport- und Bewegungsplan.
- Planen Sie pro Tag ca. 30 Minuten Sport oder Bewegung ein, wöchentlich sollten Sie knapp 3,5 Stunden nicht unterschreiten.
- Legen Sie sich einen Schrittzähler zu – gesundheitsförderlich sind ca. 10.000 Schritte pro Tag.
- Seien Sie kreativ was die sportliche Betätigung anbelangt.
- Achten Sie bei sich selbst und im Team auf rückenschonendes Arbeiten.
- Nutzen Sie Hilfsmittel, die Positionierungsmaßnahmen oder Transfers erleichtern.
- Stärken Sie Ihren Rücken z. B. durch eine Rückenschule und erlernen Sie die Prinzipien der Kinästhetik.
- Kräftigen Sie Ihre Beinmuskulatur, um müden Beinen vorzubeugen, entspannen Sie regelmäßig Ihre Beine, indem Sie diese hochlegen und legen Sie sich ordentliches Schuhwerk zu.
- Revitalisieren Sie müde Beine z. B. durch Gymnastik oder Kneipp-Anwendungen.

Literatur

Assmussen-Clausen M (2014) Rückengerechte Arbeitsweise. In: Lektorat Pflege (Hrsg.) Pflege heute 6. Aufl. Elsevier, München. S 235–237

Atkinson G, Fullick S, Grindey C, Maclaren D, Waterhouse J (2008) Exercise, energy balance and the shift worker. Sports Med 38: 671–685

BAUA Bundesanstalt für Arbeitsschutz und Arbeitsmedizin (2008) Bewegung im Krankenhaus. http://www.inqa.de/SharedDocs/PDFs/DE/Publikationen/bewegung-im-krankenhaus.pdf?__blob=publicationFile (Letzter Zugriff: 29.01.2015)

Soziales Leben

J. Schmal

J. Schmal, *Ausgeschlafen? – Gesund bleiben im Schichtdienst für Gesundheitsberufe (Top im Gesundheitsjob)*, DOI 10.1007/978-3-662-46986-6_10

Die Arbeit im Schichtdienst beeinflusst das soziale Leben. Die Vereinbarkeit von Beruf und Familie ist unter den Gesichtspunkten familienfreundlicher Schichtarbeit zu fördern. Ein einfaches Hilfsmittel für im Schichtdienst arbeitende stellt der Familienplaner dar. Mit voranschreitendem Alter ist es von großer Bedeutung die Arbeit im Schichtdienst u. a. in puncto Arbeitsinhalt und Arbeitsumgebung altersentsprechend anzupassen.

Schichtdienst im Wandel der Zeit

Tanja wünscht sich als fürsorgende Mutter und professionelle Pflegende ein ausgewogenes Verhältnis zwischen Beruf und Familie. Neben Unterstützungsangeboten ihres Arbeitgebers, will sie auch selbst die Waage in Balance bringen.

Mark sieht sich hingegen mit der Herausforderung konfrontiert auch in höherem Alter im Schichtdienst tätig zu sein. Er sucht nach Tipps für die Generation Ü 50.

Wer im Schichtdienst arbeitet läuft Gefahr seine sozialen Kontakte zu vernachlässigen. Aber gerade ein intaktes soziales Netz, bietet in Zeiten hoher Belastung Sicherheit und Unterstützung. Dieser »Social Support« unterstützt präventive Vorhaben z. B. Ernährungsumstellung oder Raucherentwöhnung und reduziert Belastungen z. B. chronische Krankheit oder Betreuungsbedarf eines Kindes (Thierry 1982).

Deswegen sollten Sie trotz oder v. a. wegen dem Schichtdienst Ihre sozialen Kontakte pflegen und einer sozialen Isolation vorbeugen (BAUA 2005).

Das Freunde-Buch

Führen Sie Buch über Ihre sozialen Kontakte. Notieren Sie die Namen Ihrer Verwandten, engsten Freunde bis zu den sporadischen Bekannten in einem Buch. Überlegen Sie sich, welche Kontakte Ihnen besonders wichtig sind und wie Sie diese auch in Zukunft mit welcher Intensität pflegen wollen. Notieren Sie sich in welchem Zeitraum Sie Ihre Freunde sehen wollen z. B. monatlich, wöchentlich. Sie können sich auch als Ziel setzen in einer Woche mindestens zwei Freunde zu treffen oder sich alle zwei Tage telefonisch bei verschiedenen Freunden zu melden. Halten Sie sich an diese Vorgaben und räumen Sie den Treffen mit Ihren Freunden einen festen Platz in ihrer Termingestaltung ein.

Prüfen Sie am Ende eines Monats, ob Sie Ihre Ziele verwirklicht haben. Falls nicht, reflektieren Sie, weshalb es nicht zu den Treffen gekommen ist. Versuchen Sie nach Identifikation der Ursache, diese in Zukunft zu vermeiden.

10.1 Beruf und Familie

Wer Beruf und Familie in den Einklang bringen will, muss seine Work-Life-Balance ins Lot bringen (▶ Kap. 5).

Dabei kommt dem persönlichen Zeitmanagement ein großer Stellenwert zu [Buch-Tipp: ▶ Quernheim G (2010) Und jetzt Sie! Selbst- und Zeitmanagement in Gesundheitsberufen. Springer, Berlin Heidelberg]. Falls Sie das Gefühl haben, dass zu wenig Zeit bleibt oder diese buchstäblich zwischen Ihren Fingern zerrinnt, macht es Sinn einen Plan zur Ausgestaltung der Zeit zu erstellen.

10.1.1 Der Familienplaner

Erstellen Sie einen Plan, der sowohl ihre Arbeits- und Familienzeit als auch ihre persönliche Freizeit berücksichtigt.

- Die unten stehende Tabelle (◘ Tab. 10.1) können Sie beliebig um weitere Spalten ergänzen z. B. spezielle Namen von Freun-

den oder Bekanntschaften, mit denen Sie in einem regelmäßigen Turnus in Kontakt bleiben wollen.
- Machen Sie einen Kassensturz: Wie ist es um ihre Work-Life-Balance bestimmt? Addieren Sie dazu einfach die entsprechenden Zeiten.
- Erstellen Sie einen Plan für die gesamte Woche gemeinsam mit ihrer Familie. Im Rahmen einer sonnabendlichen, ritualisierten Familiensitzung schenkt er Ihnen und den Familienmitgliedern einen Überblick und schafft Verbindlichkeit.

- **Tipps für das familiäre Zeitmanagement**
- Planen Sie feste Mahlzeiten und/oder andere feste Größen im Kreis ihrer Familie ein.
- Beziehen Sie Ihre Familie in die Planung mit ein, so können Sie z. B. Zeiten festlegen in denen Ihre Kinder laut Musik hören oder in der Wohnung toben dürfen und so nicht Ihren Tagschlaf und Ihre Erholung stören.
- Beachten Sie, dass auch die Qualität der gemeinsam verbrachten Zeit entscheidend ist. Planen Sie so Unternehmungen z. B. ein Museumsbesuch oder eine Fahrradtour, die entschädigend für die Arbeits- und Erholungszeit angesehen werden.
- Bestehen Sie auf Zeit mit ihrem Partner (auch ohne die Kinder).
- Achten Sie darauf, dass Sie jeden Tag ein wenig Zeit nur für sich haben.
- Der gemeinsam erstellte Plan ist verbindlich, Änderungen sollten nur in Ausnahmefällen stattfinden.

Trotz der vielfältigen Anforderungen aus Beruf- und Privatleben dürfen die eigenen Interessen nicht vernachlässigt werden. Räumen Sie sich daher regelmäßige Zeit für sich selbst ein. Ob Sie Ihren Hobbys nachgehen, Sport treiben oder sich entspannen, unterschätzen Sie nicht die Qualität selbstgestalteter Freizeiten.

Tab. 10.1 Familienplaner

Zeit	Arbeit	Familie	Partner	Freunde	Persönliche Zeit
6:00–15:00 Uhr	Frühdienst				
15:00–18:00 Uhr		Haushalt, Spielen, Spaziergang, gemeinsame Mahlzeit			
18:00–19:30 Uhr					Lesen und Entspannen
19:30–20:30 Uhr			Erledigungen des folgenden Tages besprechen, kuscheln		
20:30–21:00 Uhr				Telefonat mit Isabelle	
21:00–22:00 Uhr					Lesen

10.1.2 Geschlechtsspezifische Unterschiede: Familie und Arbeit

Männer und Frauen reagieren unterschiedlich auf die Arbeit im Schichtdienst. Insgesamt scheinen sich Frauen während der Schichtarbeit müder zu fühlen. Dies lässt sich auf die vielfältigen Rollen, die Frauen neben ihrem Beruf z. B. in der Familie wahrnehmen, zurückführen. So übernehmen die meisten Frauen neben der beruflichen Arbeit auch den Haushalt und sind im Rahmen der Kinderbetreuung präsenter.

Frauen mit Kindern fühlen sich im Gegensatz zu kinderlosen Kolleginnen gesundheitlich benachteiligt. Zudem fühlen sich Frauen nicht selten aufgrund ihrer Menstruation im Schichtdienst belasteter.

Ziel sollte es sein das berufliche und familiäre Leben in Einklang zu bringen, die Gesundheit zu erhalten und die Work-Life-Balance auszugleichen.

10.1.3 Familienfreundliche Schichtarbeit – Was kann der Arbeitgeber tun?

Der Arbeitgeber kann vielfältige innerbetriebliche Strukturen aufbauen, die einer Belastungssituation entgegenwirken (BAUA 2010a).

Darunter fallen z. B. trägereigene Kinderbetreuungsmöglichkeiten, Belegplätze in Kindertagesstätten oder die Vermittlung bis zur Bereitstellung von Tagesmüttern oder Alltagshilfen. Einige Einrichtungen bieten Mittagessen für Familienangehörige oder Ferienangebote wie organisierte Freizeiten bzw. hauseigene Betreuungsmöglichkeiten an (BAUA 2010a, BMFSFJ 2011).

Ferner gewinnen Tageseinrichtungen für pflegebedürftige Angehörige immer mehr an Bedeutung. Die Organisation eines Pflegediensts, die Organisation eines Lieferservices für Essen, die Unterstützung bei der Bewerkstelligung eines Hausnotrufs oder kurzfristige Betreuungsangebote helfen dem Arbeitnehmer seinen Beruf trotz seiner häuslichen Verpflichtungen auszuüben.

Der Gestaltung familienfreundlicher Arbeitszeiten kommt ein großer Stellenwert zu (BMFSFJ 2016). So belastet die Arbeit im

Frühdienst das Familienleben weniger, als die Arbeit in Wechselschicht (Simunic 2012). Ein irregulärer Dienstplan birgt mehr Konfliktpotenzial als ein regulärer (Yildirim 2008).

Die Möglichkeit einer befristeten Arbeitszeitreduzierung oder die Option die tägliche Dienstlänge zur verkürzen bzw. zu flexibilisieren, demonstriert die Familienfreundlichkeit des Arbeitgebers. Eine Dienstplangestaltung, die zudem die regionale Infrastruktur oder den Verkehr zu Stoßzeiten berücksichtigt, kann Wegezeiten reduzieren und damit den Freizeitanteil erhöhen (BAUA 2005).

Pflegenden in Teilzeit, die häufig diese Form wählen, um den Anforderungen des Familien- und Berufslebens gerecht zu werden, sollten gerade aus diesem Grund nicht über das Maß ihres Prozentsatzes eingeteilt werden.

Prinzipiell sollte der Dienstplan bezüglich der Freizeit- und Wochenendplanung für alle Angestellten verlässlich sein. Mitarbeiter, die Familie und Job unter einen Hut bringen müssen, sollten Ihren Zeitplan nicht kurzfristig umwerfen müssen.

Familienfreundliche Schichtdienstgestaltung beinhaltet darüber hinaus Rückenwind im Team zu erhalten. So sollte z. B. im Falle eines kranken Kindes gemeinsam nach Lösungs- und Kompensationsmöglichkeiten gesucht werden und die getroffenen Entscheidungen im Team getragen werden.

Durchforsten Sie Ihr Intranet bzw. erkundigen Sie sich bei Ihrem Arbeitgeber, welche Möglichkeiten der Unterstützung in puncto familienfreundlicher Schichtarbeit bestehen.

10.1.4 In der Familien- oder Pflegephase nicht den Anschluss verlieren

Mitarbeiter, die sich der Kinderbetreuung oder der Pflege Angehöriger widmen und daher auf die Ausübung ihres Berufs verzichten, verlieren den Anschluss zum Arbeitsplatz.

Die Informationen, die scheinbar nebenbei in der Frühstückspause fließen, gelangen nicht zu den abwesenden Mitarbeitern. Da dies aber nur geringfügig beeinflusst werden kann, sollte der Arbeitgeber zumindest dafür sorgen, dass der formelle Informationsfluss aufrechterhalten und ein Mitsprache- und Mitbestimmungsrecht trotz temporärer Abwesenheit vom Arbeitsplatz besteht (BAUA 2010a).

Mitarbeiter, die über Veränderungen am Arbeitsplatz nicht informiert werden, gelangen bei ihrer Rückkehr in ein fachliches Hintertreffen.

Mögliche Lösungsansätze sind: Angebote einer geringfügig ausgeübten Beschäftigung, Einladungen zu festlichen Ereignissen, Ausflügen und Sitzungen, fortlaufende Fortbildungsangebote und andauernder Zugang zum Intranet.

Stationsleitung Ingrid möchte sich weiter über die Möglichkeiten flankierender Maßnahmen des Arbeitgebers informieren. Neben der Informationsbroschüre für Personalverantwortliche des Bundesministeriums für Familie, Senioren, Frauen und Jugend (BMFSFJ 2007) kann sie weitere Informationen über nachfolgende Quellen beziehen:

- Bundesministerium für Familie, Senioren, Frauen und Jugend: ▶ bmfsfj.de,
- Beruf und Familie – Eine Initiative der gemeinnützigen Hertie-Stiftung: ▶ beruf-und-familie.de,
- Initiative Neue Qualität der Arbeit: ▶ inqa.de,
- Lokale Bündnisse für Familie: ▶ lokale-buendnisse-fuer-familie.de.

10.2 Schichtdienst bis ins hohe Alter?

Bereits junge Mitarbeiter können sich nicht mehr vorstellen bis ins hohe Alter und dem Erreichen der Rente in der Pflege tätig zu sein (Töpsch 2013).

Das liegt u. a. an der zunehmenden Arbeitsverdichtung in Folge der voranschreitenden Ökonomisierung und des parallel bestehenden Personalmangels.

...ich werd' alt...

Pfleger Mark blickt auf eine jahrzehntelange Pflegeerfahrung zurück. Doch auch er merkt, dass die körperlichen Anforderungen des Pflegeberufs ihm stärker zu schaffen machen. Insgesamt sind die Patienten zudem älter und multimorbider geworden. Die verkürzten Verweildauern verschärfen die Hektik und die Arbeitsdichte auf der Station.

Mit zunehmendem Alter sinkt die Schichtdiensttoleranz (Clendon 2013). Der Schlaf-Wach-Rhythmus kommt ins Wanken, Schlafstörungen treten häufiger auf und gesundheitliche Belastungen werden weniger gut kompensiert (▶ Kap. 4).

Die Bundesanstalt für Arbeitsschutz und Arbeitsmedizin hat vier Handlungsfelder benannt, denen bei der Beschäftigung älterer Mitarbeiter in der Pflege Beachtung zu schenken ist (BAUA 2010b).

10.2.1 Gesundheit erhalten

Um die Gesundheit der Mitarbeiter bis ins hohe Alter zu erhalten ist eine zielgerichtete betriebliche Gesundheitsförderung gefragt, die mit attraktiven Angeboten Spaß macht und die Gesundheit fördert.

Es ist von großer Bedeutung, dass die Einrichtungen auf die sich verändernden Verhältnisse nicht nur reagieren, sondern ihnen auch präventiv begegnen.

Ob Pflege bis ins hohe Alter möglich ist hängt auch davon ab, ob frühzeitig gesundheitsförderliche und präventive Maßnahmen – sowohl auf der Seite des Arbeitgebers als auch auf Arbeitnehmerseite – in Angriff genommen worden sind. Pflegende, die rechtzeitig die notwendigen Kompetenzen z. B. zur Stressbewältigung und gesunden Lebensführung erworben haben, blicken in der Retrospektive auf ein gesünderes Leben zurück.

Checkliste betriebliche Gesundheitsförderung

Erkundigen Sie sich bei Ihrem Arbeitgeber nach folgenden Angeboten, denen im Rahmen der betrieblichen Gesundheitsförderung Beachtung geschenkt werden sollte:

- Betrieblich geförderte Sportangebote z .B. Nordic-Walking-Gruppen oder Gerätetraining etc.,
- Seminare/Workshops zur Förderung der Kompetenz z. B. in den Bereichen gesunde Ernährung, Stressbewältigung, Entspannung, Kinästhetik, Rückenschulen etc.,
- Supervisionsangebote,
- Thematisierung der Perspektiven der Erwerbstätigkeit bis ins hohe Alter,

- Einfluss auf die Dienstplangestaltung gegeben,
- Gesundheitszirkel in denen Hürden und Probleme der (Zusammen)arbeit bis ins hohe Alter angesprochen und aufgegriffen werden.

10.2.2 Arbeitsinhalt und Arbeitsumgebung anpassen

Mit zunehmendem Alter fallen einige Aufgaben schwerer als andere. Bedeutend ist es im Alter einseitige Fehlbelastungen zu vermeiden. Sitzende, stehende, körperlich beanspruchende und ruhigere Tätigkeiten sollten in einem ausgewogenen Verhältnis zueinander stehen, welche die individuellen Ressourcen berücksichtigen.

Ist so mit fortgeschrittenem Alter die körperliche Leistungsfähigkeit z. B. in Folge eines Bandscheibenvorfalls reduziert, sollten administrative oder behandlungspflegerische Aufgaben, vor dem Allgemeinzustand potenziell schädigenden Tätigkeiten z. B. Grundpflege, Positionierungsmaßnahmen vorgezogen werden.

Pflegerische Handlungsfelder mit geringerer physischer und psychischer Belastung

In der Pflege existieren zahlreiche Aufgaben, die Körper und Psyche weniger belasten als andere und daher im fortgeschrittenen Alter umgesetzt werden können. In welchen der folgenden Tätigkeitsfelder könnten Sie sich vorstellen im Alter zu arbeiten? Welche fallen Ihnen darüber hinaus ein?

- Pflegeprozesssteuerung: Anamnese, Erstellung eines Pflegeplans, Evaluation des Pflegeerfolgs,
- Beratung, Unterstützung und Anleitung,
- Richten und Verabreichen von Medikamenten, Infusionen, Injektionen etc.,
- Wundmanagement,
- Entlassungsmanagement.

Neben dem Arbeitsinhalt, sprich dem Tätigkeitskatalog, muss auch die Arbeitsumgebung angepasst werden.

Die Anschaffung von Hilfsmitteln, die Einweisung in die Nutzung und die Verwendung dieser minimiert bereits in jüngeren Jahren das Auftreten von gesundheitlichen Belastungen und erleichtert die Arbeit im Alter.

Eine Umsetzung der arbeitswissenschaftlichen Erkenntnisse zur Gestaltung der Arbeitszeit sollte auch im Alter als Grundlage dienen (▶ Kap. 2.2). Darüber hinaus können Arbeitszeitkonten Spielräume schaffen, indem diese längeren Freizeitblöcke, Sabbaticals (Sabbatjahr, langandauernder Sonderurlaub) oder ein frühzeitiger Start in die Rente ermöglichen (BAUA 2010b, BAUA 2013).

Prinzipiell sind im Alter belastungsnahe Erholungsphasen vorzuziehen und längere Arbeitsphasen zu vermeiden. Kurze Arbeitsblöcke mit kurzen nachgeschalteten Erholungstagen sind besser als lange Dienstblöcke mit längeren Erholungszeiten. Wurden Überstunden geleistet, ist es ratsamer dem finanziellen Ausgleich ein Freizeitausgleich vorzuziehen.

10.2.3 Professionalisierung und Qualifikation stärken

Das Arbeiten in der Pflege setzt die Bereitschaft zum lebenslangen Lernen voraus. Heute gültiges Wissen kann bereits morgen überholt sein. Dies verlangt von den Pflegenden ständig fachlich am Ball zu bleiben.

Im fortgeschrittenen Alter müssen diese Lernprozesse im Rahmen von Fort- und Weiterbildungsmöglichkeiten durch den Arbeitgeber begleitet werden.

Das österreichische Projekt »Meisterhafte Pflegekunst« stellt ein glänzendes Beispiel im Sinne der Gesundheitsförderung für ein gelingendes Altern im Pflegeberuf dar. Es ermöglicht horizontale Karrierechancen, die vom Anfänger bis hin zum Experten reichen. Die fünf voneinander differenzierten Kompetenzstufen bieten u. a. Aufstiegschancen, werten das über die Jahre gesammelte Erfahrungswissen auf und setzen neue Akzente in der Arbeitsverteilung (BAUA 2010b, Danziger o.J.).

10.2.4 Unternehmenskultur und Führung anpassen

Die persönliche Einstellung der Arbeitgeber gegenüber dem Alter und älteren Arbeitnehmern stellt eine bedeutende Größe dar. Wer ältere Mitarbeiter als altes Eisen einschätzt, wird nie den Wert eines Goldschatzes in ihnen sehen (BGW 2009). Gute Führungskräfte ermitteln gemeinsam mit den Angestellten die individuellen Ressourcen und Stärken und berücksichtigen diese in der Arbeitsplatzgestaltung. Sie gehen als Vorbild in Sachen Respekt, Teamarbeit und Akzeptanz voran und fördern durch Transparenz und Klarheit die Zusammenarbeit in einem Team von jung bis alt.

Gute Führungskräfte motivieren darüber hinaus ältere Mitarbeiter zur jährlichen arbeitsmedizinischen Kontrolluntersuchung, um gesundheitliche Einschränkungen frühzeitig zu erkennen.

Erfolgreich und gesund pflegen im Alter, beginnt bereits in jungen Jahren.

Dazu müssen sinnvolle Angebote von den Arbeitgebern geschalten werden, die den älter werdenden Mitarbeitern Coping-Strategien an die Hand geben, um mit den gesundheitsgefährdenden Aspekten der Schichtarbeit umzugehen (Clendon 2013).

10.3 In aller Kürze

Die Arbeit im Schichtdienst beeinflusst die Ausgestaltung des sozialen Lebens.

- Achten Sie auf ihre Work-Life-Balance!
- Beugen Sie der sozialen Isolation vor und pflegen Sie Ihre sozialen Kontakte z. B. mithilfe des »Freunde-Buchs«.
- Zeitmanagement und Familienplanung z. B. mithilfe eines Familienplaners (gibt eine Struktur und Verlässlichkeit).
- Vergessen Sie Ihre eigenen Interessen bei der Freizeitgestaltung nicht.
- Männer und Frauen reagieren unterschiedlich auf die Arbeit im Schichtdienst.
- Der Arbeitgeber kann unterschiedliche Unterstützungsangebote zur besseren Vereinbarkeit von Schichtdienst und Familie anbieten z. B. Kinderbetreuung.

- Halten Sie in einer Familien- oder Pflegephase den Kontakt zum Betrieb, Ihr Arbeitgeber hat diverse Möglichkeiten, um auf Sie zuzukommen.
- Mit zunehmendem Alter sinkt die Schichtdiensttoleranz.
- Nutzen Sie frühzeitig die Angebote der betrieblichen Gesundheitsförderung.
- Arbeitsinhalte und Arbeitsumgebung müssen dem Bedarf älterer Pflegender angepasst werden, beachten Sie dies auch bei der Dienstplangestaltung.
- Nutzen Sie Ihr Erfahrungswissen im Alter, aber verschließen Sie sich nicht gegenüber neuem Wissen, Stichwort »lebenslanges Lernen«.
- Die Unternehmenskultur und Führung entscheidet maßgeblich wie gut das Altern im Betrieb gelingt.

Literatur

BAUA Bundesanstalt für Arbeitsschutz und Arbeitsmedizin (2005) Leitfaden zur Einführung und Gestaltung von Nacht- und Schichtarbeit 9. Aufl. Berlin

BAUA Bundesanstalt für Arbeitsschutz und Arbeitsmedizin (2010a) Die Vereinbarkeit von Beruf und Familie in der Pflege fördern. http://www.inqa.de/SharedDocs/PDFs/DE/Publikationen/pflege-hh4-beruf-und-familie.pdf?__blob=publicationFile (Letzter Zugriff: 29.01.2015)

BAUA Bundesanstalt für Arbeitsschutz und Arbeitsmedizin (2010b) Fels in der Brandung. Ältere Beschäftigte im Pflegeberuf 2.A. http://www.inqa.de/SharedDocs/PDFs/DE/Publikationen/fels-in-der-brandung-pflege.pdf?__blob=publicationFile (Letzter Zugriff: 29.01.2015)

BAUA Bundesanstalt für Arbeitsschutz und Arbeitsmedizin (2013) Im Takt? Risiken, Chancen und Gestaltung von flexiblen Arbeitszeitmodellen 4. Aufl. Dortmund

BGW Berufsgenossenschaft für Gesundheitsdienst und Wohlfahrtspflege (2009) Älter werden im Pflegeberuf. http://www.bgw-online.de/SharedDocs/Downloads/DE/Medientypen/bgw-themen/TP-AAg-11U-Aelter-werden-im-Pflegeberuf_Download.pdf?__blob=publicationFile (Letzter Zugriff: 29.01.2015)

BMFSFJ Bundesministerium für Familie, Senioren, Frauen und Jugend (2006) Erwartungen an einen familienfreundlichen Betrieb. Erste Auswertung einer repräsentativen Befragung von Arbeitnehmerinnen und Arbeitnehmern mit Kindern oder Pflegeaufgaben. http://www.bmfsfj.de/RedaktionBMFSFJ/Abteilung2/Pdf-Anlagen/erwartungen-an-einen-familienfreundlichen-betrieb,property=pdf.pdf (Letzter Zugriff: 29.01.2015)

BMFSFJ Bundesministerium für Familie, Senioren, Frauen und Jugend (2007) Informationen für Personalverantwortliche. Familienfreundliche Maßnahmen im Unternehmen. http://www.bmfsfj.de/RedaktionBMFSFJ/Broschuerenstelle/

Pdf-Anlagen/Informationen-f_C3_BCr-Personalverantwortliche,property=pdf,bereich=bmfsfj,sprache=de,rwb=true.pdf (Letzter Zugriff: 29.01.2015)

BMFSFJ Bundesministerium für Familie, Senioren, Frauen und Jugend (2009) Vereinbarkeit von Beruf und Familie im Krankenhaus. Aus der Praxis für die Praxis. http://www.beruf-und-familie.de/system/cms/data/dl_data/b09c3926974f45db03edfc27db45345e/Vereinbarkeit_im_Krankenhaus.pdf (Letzter Zugriff: 29.01.2015)

BMFSFJ Bundesministerium für Familie, Senioren, Frauen und Jugend (2011) Vereinbarkeit von Familie und Beruf mit Schulkindern. http://www.bmfsfj.de/RedaktionBMFSFJ/Broschuerenstelle/Pdf-Anlagen/_C3_9C-6-Vereinbarkeit-von-Familie-und-Beruf-mit-Schulkindern,property=pdf,bereich=bmfsfj,sprache=de,rwb=true.pdf (Letzter Zugriff: 29.01.2015)

Clendon J, Walker L (2013) Nurses aged over 50 years and their experiences of shift work. J Nurs Manag 21: 903–913

Danzinger A, Kloimüller I (o.J.) »Meisterhafte Pflegekunst« – alterns- und gesundheitsgerechte Karrierewege im Pflegeberuf. Gesundes Gesundheitswesen Abschlusskompendium 20–23

DGB Bundesvorstand (2011) Familienbewusste Schichtarbeit. http://www.beruf-und-familie.de/system/cms/data/dl_data/46bb43dfaeb21f718933ce745e628b0f/DGB_Familienbewusste_Schichtarbeit.pdf (Letzter Zugriff: 29.01.2015)

Simunic A, Gregov L (2012) Conflict between work and family roles and satisfaction among nurses in different shift systems in Croatia: a questionnaire survey. Arh Hig Rada Toksikol 63: 189–197

Thierry H, Jansen B (1982) Social support for night and shift workers. J Human Ergol 11: 483–498

Töpsch K (2013) Bis 67 fit für die Pflege. Älter werden im Beruf. Heilberufe 65: 40–42

Yildirim D, Aycan Z (2008) Nurses' work demands and work-family-conflict: a questionnaire survey. Int J Nurs Stud 45: 1366–1378

Nachtdienst

J. Schmal

J. Schmal, *Ausgeschlafen? – Gesund bleiben im Schichtdienst für Gesundheitsberufe (Top im Gesundheitsjob)*,
DOI 10.1007/978-3-662-46986-6_11

Die Arbeit im Nachtdienst beeinflusst die Gesundheit negativ. Parallel werden von Pflegenden herausragende Kompetenzen gefordert. Arbeitgeber und Arbeitnehmer können dazu beitragen, dass die Arbeit im Nachtdienst weniger schädlich für Körper, Psyche und Sozialleben ist. So ist z. B. Dauernachtdienst zu vermeiden. Um das Unfallrisiko auf dem Heimweg zu reduzieren, können Verhaltens- und Verhältnisänderungen einen positiven Effekt ausüben.

» Pflegende in der Nacht müssen über überdurchschnittliche Kompetenzen und Fähigkeiten verfügen, denn sie müssen Risiken alleine erkennen, die richtigen Entscheidungen treffen und gezielte Maßnahmen durchführen. Davon hängt die Gesundheit unserer Patienten ab (Bienstein 2014).

Die Arbeit im Nachtdienst verlangt Pflegenden alle Kompetenzen ab. Eine Vielzahl von Patienten in der Obhut, liegt es an ihnen Komplikationen vorzuahnen, zu erkennen, zu verhindern und im Notfall mit einem Höchstmaß an gedanklicher Wachheit unverzüglich und korrekt zu reagieren. Daneben wird der Kampf mit der eigenen Müdigkeit ausgetragen. Mit dem Voranschreiten der Nacht schwindet die Konzentrationsfähigkeit. Fehler sind hier aber fatal, da Pflegende häufig alleine auf der Station die Verantwortung tragen. Pflege im Nachtdienst unterscheidet sich nicht nur aus diesen Gründen deutlich von der Arbeit im Tagdienst. Das Gefühl sein eigener Herr zu sein, die Freiheit seinen pflegerischen Handlungsspielraum auszuleben und die vom Tagdienst abweichenden Tätigkeiten werden von Pflegenden beispielhaft als positive Merkmale hervorgehoben.

Reflektion der Nachtdiensttätigkeit
Welche Vorteile bringt der Nachtdienst für Sie mit sich? Welche Nachteile nehmen Sie persönlich wahr? Wenn Sie die Punkte aufführen, sind Sie unterm Strich ein Freund der Arbeit im Nachtdienst?

11.1 Besonderheiten des Nachtdiensts

Nachts sind Pflegende zumeist auf sich alleine gestellt. Eine Wiederholungsstudie der Universität Witten/Herdecke unter der Federführung von Christel Bienstein kam zu dem Ergebnis, dass 72% der Pflegenden nachts alleine die Stellung halten (Bienstein 2014). Und das bei einem zunehmend, aufwändigeren und anspruchsvoller gewordenen Patientenklientel; schwerstpflegebedürftige, demente, multimorbide und sterbende. Dass sich in den vergangenen Jahren zudem die Verweildauern verkürzt haben und die Fallzahlen erhöht wurden, verschärft die Belastung zusätzlich.

Müssen nun noch Verlegungen auf eine Intensivstation und Aufnahmen getätigt werden, wird der Nachtdienst zu einem Spießrutenlauf. Kein Wunder also, dass 81% der Pflegenden angeben nachts keine Pause durch eine Vertretung zu machen (Bienstein 2014).

Die letzten Nächte
Lassen Sie einmal die vergangenen Nächte Revue passieren:

- Haben Sie eine wirkliche Pause machen können?
  - Wie lange hat diese gedauert?
  - Hatten Sie für diesen Zeitraum eine Vertretung?
  - Wie haben Sie die Pause gestaltet?
- Falls Sie keine Pause hatten:
  - Was war die Ursache?
  - Haben Sie die Tatsache keine Pause gemacht zu haben ihren Vorgesetzten mitgeteilt?

11.1.1 Nachtschicht und Gesundheit

Die Arbeit im Nachtdienst belastet zudem die Gesundheit. Körperliche, psychische und soziale Beschwerden lassen sich im Angesicht der Nachtdiensttätigkeit nicht verleugnen (▶ Kap. 4).

Zudem sind im Nachtdienst die Sicherheit und die Produktivität reduziert. Gründe dafür sind der durcheinandergewirbelte zirkadiane Rhythmus, der verkürzte und gestörte Tagschlaf und das verminderte soziale Leben (Folkard 2003).

Unterm Strich ist Nachtdienst also nicht gesund. Dieser Fakt wird sich nicht ändern, außer die Nachtdiensttätigkeit wird aufgegeben – wobei selbst hier körperliche und psychische Beschwerden in Abhängigkeit von der Schwere und der Dauer der Nachtdienstzugehörigkeit bestehen bleiben können.

Daher ist es von Bedeutung, die Belastungen zumindest zu reduzieren und parallel gesundheitsförderliches Verhalten zu entwickeln, zu stärken und zu erhalten. Dies gilt sowohl für die Arbeitgeber- als auch die Arbeitnehmerseite.

Ob Sie den Nachtdienst gut tolerieren, ist neben den Faktoren der allgemeinen Schichtdiensttoleranz (▶ Abschn. 5.3) von folgenden Punkten der subjektiven Nachtdiensttoleranz abhängig (DGAUM 2006):

- Wohnverhältnis bietet gute Schlafmöglichkeiten am Tag z. B. dunkel, geräuscharm, gut temperiert, keine Störungen,
- Individuelle Eigenschaften werden berücksichtigt z. B. Häufigkeit der monatlichen und zusammengehörigen Nachtdienste,
- Arbeitnehmer und soziales Umfeld akzeptiert den Nachtdienst z. B. Störungen werden vermieden, Nachtarbeit wird subjektiv nicht als höchst belastend sondern als tolerabel angesehen.

Nachtdiensttoleranz

- Wie reagieren Sie persönlich auf die Arbeit im Nachtdienst?
- Würden Sie behaupten Sie besitzen eine große Nachtdiensttoleranz oder eine geringe?
- Einmal angenommen Sie dürften ganz frei entscheiden, ob Sie nachts arbeiten wollen: Würden Sie es tun?

11.2 Dauernachtdienst

Vorteilhafte Nachtdienste

Eine Arbeitskollegin von Altenpflegerin Tanja arbeitet im Dauernachtdienst. Diese schwärmt von den Vorzügen der permanenten Nachtarbeit v. a. in Bezug auf die Kinderbetreuung. Tanja kommt ins Grübeln und überlegt, ob dieses Konzept auch für sie eine Lösung darstellen könnte.

Dauernachtwachen suggerieren eine optimale Lösung zur Vereinbarkeit von Beruf und Familie darzustellen. Vernachlässigt werden dabei die gesundheitsschädlichen Auswirkungen auf den Körper, die Psyche und das soziale Leben.

Von Dauernachtwachen häufig aufgeführte Argumente für das Beibehalten der permanenten Nachtarbeit sind:

- Zeitlicher Wegfall des Privatlebens wird scheinbar gering halten, da der Tag zur freien Verfügung genutzt werden kann und längere Freizeitblöcke eine höheren Grad an Erholung versprechen,
- Möglichkeit der selbstständigen Kinderbetreuung,
- finanzielle Vorteile im Gegensatz zu Mitarbeitern im Wechselschichtsystem,
- interessante und verantwortungsvolle Tätigkeit z. B. reduzierte Hierarchie sowie das Gefühl »sein eigener Chef zu sein«. Zum Teil wird auch das Umschiffen negativer Erfahrungen im Team z. B. Meinungsverschiedenheiten oder das unzureichende Gefühl ins Team integriert zu sein aufgeführt.
- Scheinbares Gefühl der Anpassung an den Nachtdienst nach mehreren absolvierten Nächten im Gegensatz zu Belastungserleben bei Wechselschicht.

»Die Gründe für den Einstieg und Verbleib im ausschließlichen Nachtdienst sind vielfältig und gehen weit über das Argument der besseren Vereinbarkeit von Familie und Beruf hinaus. Die Angst vor Veränderung ist bei den Betroffenen groß« (Sczesny 2007).

Die objektiven Erkenntnisse über die gesundheitlichen Auswirkungen stehen somit den subjektiven Empfindungen und der hohen Akzeptanz der Mitarbeiter entgegen. Laut einer aktuellen Erhebung geben Dauernachtwachen eine subjektiv empfundene geringere Belastung an als ihre Kollegen im rotierenden Schichtdienst (Bienstein 2014).

Nicht selten stehen hier der Betriebsrat und die Pflegedienstleitung in einem der Gesundheitssituation der Mitarbeiter nicht zuträglichen Spannungsgefüge. So kann beim Betriebsrat die Befürchtung entstehen, mit der Beharrung auf einer Umsetzung der arbeitswissenschaftlichen Erkenntnisse, entgegen der Interessen der eigenen Belegschaft zu arbeiten.

Die Pflegedienstleitung kann hingegen Sorge vor Unruhen durch den Wegfall altbewährter Strukturen und eines bislang tragfähigen und »optimalen« Arrangements mit Komplikationen in der Dienstplangestaltung haben (Sczesny 2007).

Neben den gesundheitlichen Belastungen entkräften folgende Argumente das Befürworten einer Dauernachtwache:

- In Bezug auf die Kinderbetreuung ist in Sachen Dauernachtdienst nicht alles Gold was glänzt: Müssen Nachtwachen Kinder betreuen, verkürzt sich die Schlafdauer und Erholungszeit. Nach einem Nachtdienst kümmern sich Mütter und Väter zunächst um die Kinderbetreuung z. B. Vorbereitung auf Kindergarten oder Schule. Zudem unterbrechen sie häufiger ihren Schlaf z. B. Kochen, Kinderbetreuung (Sczesny 2007). Dies hat wiederrum Auswirkungen auf die persönliche Gesundheit und das Energielevel in der Betreuung der Kinder.
- Die längeren Freizeitblöcke werden zur Erholung benötigt, sodass der tatsächliche Freizeitgehalt sinken kann. Zudem muss eine Umstellung des Organismus an einen normalen Tagesrhythmus erfolgen.
- Langfristiger Nachtdienst kann der pflegerischen Handlungskompetenz schaden: Nach den Jahren der Nachtschichtarbeit kann es zu folgender Situation kommen. Durch die ausschließliche Nachtdiensttätigkeit werden pflegerische Maßnahmen, die in der Früh- und Spätschicht getätigt werden, fachlich verlernt. Das Gefühl den Aufgaben der Tagarbeit nicht mehr gerecht werden zu können, kann einige Nachtdienstler, die gerne wieder wechseln würden, an den Nachtdienst fesseln. Die Befürchtung fachliche Defizite aufdecken zu müssen ist häufig zu groß (Sczesny 2007).

11.3 Wach in der Nacht

Wechselnde Anforderungen

Pfleger Mark fühlt sich nachts wie ein Pingpong-Ball. Er wird zwischen den Extremen Müdigkeit am Rande der Erschöpfungsgrenze und angespannter Wachheit in hektischen Situationen, die ein schnelles Reagieren erfordern, hin und her geworfen.

Die Arbeit im Nachtdienst hat zwei Gesichter: Zum einen die sich ausbreitende Müdigkeit ab 01:00 Uhr, zum anderen die Notwendigkeit in akut eintretenden Situationen seine gesamte Kompetenz unter Beweis zu stellen, was wiederrum eine gewisse Spannung aufrecht erhält.

Müdigkeit und Konzentration

- Wann werden Sie nachts müde?
- Haben Sie das Gefühl, dass Sie eine aufkommende Müdigkeit kontrollieren und bei einem Notfall sofort hoch konzentriert reagieren können?

11.3.1 So gelingt ein gesunder Nachtdienst

Als Pflegende im Nachtdienst können Sie an den Stellschrauben Ernährung (► Kap. 6), Schlaf (► Kap. 7, ► Kap. 8) und Bewegung (► Kap. 9) viel selber drehen und bewirken (BAUA 2005).

Zudem sollten Sie im Team einen Konsens darüber finden, welche Tätigkeiten im Nachtdienst sinnbildend und welche »sinnentfremdet« sind.

Sinnbildende oder auch sinnschaffende Tätigkeiten geben Pflegenden ein Gefühl von Erfüllung und Zufriedenheit, da ihre Tätigkeiten eine gezielte Wirkung offenbaren. Bereits nachts bei Pflegeempfängern die Körperpflege durchzuführen á la *»Das haben wir schon immer so gemacht.«* ist weniger sinnerfüllend, als eine therapeutische beruhigende Waschung zur Schlafförderung (Hollick 2014).

78,4% der Pflegenden sind der Ansicht, dass eine Unterstützung beim Waschen eine Tätigkeit darstellt, die im Tagdienst durchgeführt werden sollte. 73,6% denken so auch über die Ganzkörperwäsche (Bienstein 2014).

Das Gefühl selbstbestimmt pflegerische Aufgaben durchführen zu können, reduziert das subjektive Belastungsgefühl und fördert die Gesundheit des einzelnen.

Es kann daher angezeigt sein, den Tätigkeitskatalog, der nachts durchzuführenden Aufgaben, kritisch zu prüfen. Hierbei sollte auch die Konzentrationsfähigkeit in der Nacht nicht aus dem Auge gelassen werden.

Tätigkeiten im Nachtdienst

Welche Tätigkeiten führen Sie im Nachtdienst durch? Welche würden Sie als sinnschaffend, welche als sinnentfremdet bezeichnen? Wie ist es nachts um ihre Konzentrationsfähigkeit bestellt? Steigt ihre persönliche Konzentrationsfähigkeit nach mehreren Nächten oder lässt diese nach? Bei welchen Tätigkeiten benötigen Sie viel Konzentration? Welche Aufgaben können Sie routiniert beinahe im Schlaf durchführen?

Davon abgesehen: Welche Tätigkeiten sollte der Tag- vom Nachtdienst übernehmen?

11.3.2 Es werde Licht!

Tageslicht besitzt als äußerer Zeitgeber die wunderbare Fähigkeit unsere innere Uhr mit dem normalen Tagesablauf zu synchronisieren. Künstliche Lichtquellen müssen über eine Helligkeit von mehr als 2500 Lux (= physikalische Größe für die Beleuchtungsstärke) verfügen, damit sie den gleichen Effekt haben (Zulley 2010).

Kein Wunder also, dass die Empfehlung bei Schlafproblemen oder einer Desynchronisation innerer und äußerer Zeitgeber lautet am Tag ca. 30 Minuten an der frischen Luft zu verbringen. Selbst bei Bewölkung reicht die Beleuchtungsstärke der Sonne über die des künstlichen Raumlichts hinaus. Die innere Uhr wird gestellt und die Vitamin-D-Synthese, zur Regulation des Kalziumhaushalts und damit für den Knochen- und Muskelaufbau verantwortlich, in Gang gebracht. Im Rahmen der Lichttherapie werden besonders beleuchtungsstarke Lampen zur Behandlung der Winterdepression verwendet, da diese die Serotoninproduktion erhöhen (Wirz-Justice 2008).

Die Forschung beschäftigt sich seit geraumer Zeit mit dem Effekt von Blaulicht auf den Schlaf-Wach-Rhythmus. Laut einer US-amerikanischen Studie wirkt sich blaues Licht positiv auf die Wachheit und die Leistungsfähigkeit aus. Es liegt daher nahe davon auszugehen, dass Pflegende im Nachtdienst von einem solchen Einsatz profitieren würden (Rahmen 2014). Hier ist allerdings noch Forschungsbedarf nötig, um den Effekt von Lichteinfluss spezieller Lampen in der Nacht auf den Hormonhaushalt zu untersuchen, da hierdurch evtl. Krankheitsbilder wie Brustkrebs (aufgrund der durch das Licht verminderten Melatoninausschüttung verursacht) begünstigt werden können (Dickermann 2012).

Jedoch kann Ihnen Helligkeit helfen nachts konzentriert zu bleiben, während eine vollständig abgedunkelte Station die Müdigkeit fördert (Wright 2013).

Dunkeln Sie während des Tagschlafs Ihr Schlafzimmer ab, um einen störungsfreien Schlaf zu fördern. Um nach dem (Tag)schlaf in die Gänge zu kommen, sollten sie hellere Lichtquellen oder besser einen Spaziergang unter freiem Himmel wählen.

Nach dem letzten Nachtdienst hilft ihnen das Tageslicht, wieder in einen regulären Rhythmus zu finden (Schmal 2014).

Praxistipp

Nachts sinkt Ihre Körperkerntemperatur bis sie sich gegen 03:00 Uhr auf ihrem Tagestief befindet. Ein warmes Getränk oder zusätzlich langärmlige Arbeitskleidung, die unter Wahrung der hygienischen Aspekte getragen wird, können helfen das Frösteln zu überdauern.

11.4 Nach dem Nachtdienst nach Hause fahren

Wurde der Nachtdienst überstanden, kreisen die Gedanken um das eigene warme Bett. Ein Ort der Ruhe, Erholung und Schlaf garantiert. Zuvor muss allerdings der Heimweg angetreten werden.

■ **Abb. 11.1** Müde Pflegekraft am Steuer des Autos

Sekundenschlaf

Pfleger Mark hat eine anstrengende Nacht hinter sich gebracht. Es ist die letzte von insgesamt vier. Bei der Übergabe an den Frühdienst fällt es ihm bereits schwer die Worte zu finden. Seine Konzentration leidet. Auf der Heimfahrt mit dem eigenen Auto bemerkt er, dass seine Augen immer schwerer werden. Er schreckt hoch, als er ein lautes Hupen hört. Gerade noch rechtzeitig kann er das Lenkrad herumreißen. Im Sekundenschlaf ist er auf die entgegenkommende Spur gefahren.

Laut einer Studie berichteten 66,66% der Pflegenden mindestens einmal schläfrig mit dem Auto nach Hause gefahren zu sein. Im Schnitt gaben sie an bei einer von vier Schichten schläfrig hinterm Steuer zu sitzen (Scott 2007). Nach dem Nachtdienst und langen Schichtzeiten steigt die Unfallgefahr (Barger 2005).

Das Risiko in den Mikroschlaf abzudriften ist groß, wenn sich die Erschöpfung der vergangenen Nacht ihren Raum sucht und der Schlaf den Körper für Sekunden übermannt (■ Abb. 11.1).

Sie sollten daher aufmerksam auf folgende Warnzeichen achten:

- Ausgeprägtes Müdigkeitsgefühl,
- die Augen werden immer schwerer und fallen zu,
- Erinnerung für ein Stück der gefahrenen Strecke fehlt,

- Ampeln oder Verkehrsschilder werden übersehen,
- der seitliche Begrenzungsstreifen wird überfahren, wahrzunehmen durch ein Rauschen,
- das Gefühl einschlafen zu können und die Hoffnung dies mit geöffnetem Fenster und Musik abzufangen.

Um einen Unfall oder auch nur das Risiko einer persönlichen Gefährdung zu vermeiden, können nachfolgende Tipps hilfreich sein (Knauth 2003):

- Vor der Heimfahrt ein kleines Nickerchen machen,
- auf öffentliche Verkehrsmittel zurückgreifen,
- einen Fahrdienst oder eine Fahrgemeinschaft organisieren, sodass entweder nicht selbst oder täglich abwechselnd gefahren werden kann. Alternativ kann auch die Idee, einen Fahrservice durch den Arbeitgeber organisieren zu lassen, angestoßen werden.
- Das Innere des Autos während der Heimfahrt kühl halten,
- Musik oder Radiosendungen zuhören,
- die Fahrtroute variieren, da dies die Konzentration fördert (das Auto fährt nicht »von selbst«),
- evtl. näher an den Arbeitsort ziehen.

Ein kühles Auto und Musik kann ihnen helfen die Konzentration kurzzeitig zu erhöhen. Diese Maßnahmen ersetzen jedoch keinesfalls den Schlaf. Gehen Sie daher kein Risiko ein und überschätzen Sie sich nicht selbst.

11.5 In aller Kürze

Nachts zu arbeiten stellt nicht nur den Körper vor Herausforderungen, sondern verlangt von Pflegenden eine hohe Kompetenz.

- Ob Nachtdienst subjektiv gut vertragen wird, hängt von der persönlichen Schicht- und Nachtdiensttoleranz ab.
- In der Nacht sind zur Erholung regelmäßige Pausen zu nehmen.
- Dauernachtwache wird subjektiv als optimale Lösung zur Vereinbarkeit von Familie und Beruf angesehen. Es gilt, in die Diskussion zu kommen und mit Argumenten das für und

wider zu besprechen, da die Arbeit im Nachtdienst gesundheitliche Beeinträchtigungen nach sich zieht.
- Gesundheit trotz Nachtdienst bedeutet an den Stellschrauben Ernährung, Schlaf und Bewegung zu drehen.
- Tätigkeiten im Nachtdienst können in sinnschaffende und sinnentfremdete unterteilt werden.
- Tageslicht hilft die innere Uhr aufzuziehen und zu stellen.
- Die Heimfahrt nach dem Nachtdienst birgt ein großes Unfallrisiko. Beherzigen Sie die Tipps, um einem Verkehrsunfall vorzubeugen.

Literatur

Barger LK, Cade BE, Ayas NT et al. (2005) Extended work shifts and the risk of motor vehicle crashes among interns. N Eng J Med 352: 125–134

BAUA Bundesanstalt für Arbeitsschutz und Arbeitsmedizin (2005) Leitfaden zur Einführung und Gestaltung von Nacht- und Schichtarbeit 9. Aufl. Berlin

Bienstein C, Mayer H (2014) Nachts im Krankenhaus. Schwester Pfleger 53: 428–433

DGAUM Deutsche Gesellschaft für Arbeitsmedizin und Umweltmedizin e.V. (2006): Arbeitsmedizinische Leitlinien der Deutschen Gesellschaft für Arbeitsmedizin und Umweltmedizin e.V. Nacht- und Schichtarbeit. Arbeitsmed Sozialmed Umweltmed 41: 390–397

Dickerman B, Liu J (2012) Does current scientific evidence support a link between light at night and breast cancer among female night-shift nurses? Workplace Health Saf 60: 273–282

Folkard S, Tucker P (2003) Shift-work, safety and productivity. Occupational Medicine 53: 95–101

Hollick J (2014) Eine leibliche Herausforderung. Pflegezeitschrift 67: 396–399

Knauth P, Hornberger S (2003) Preventive and compensatory measures for shift workers. Occupational medicine 53: 109–116

Rahman SA, Flynn-Evans EE, Aeschbach D et al. (2014) Diurnal spectral sensitivity of the acute alerting effects of light. SLEEP 37: 271–281

Schmal J (2014) Gesund trotz Nachtdienst. Heilberufe 66: 42–43

Scott LD, Hwang WT, Rogers AE et al. (2007) The relationship between nurse work schedules, sleep duration and drowsy driving. Sleep 30: 1801–1807

Sczesny C (2007) Gestaltung der Arbeitszeit im Krankenhaus. Zur Umsetzung neuer Nachtarbeitszeitregelungen unter Berücksichtigung arbeitswissenschaftlicher Erkenntnisse. 5. Aufl. Lausitzer, Bautzen

Wirz-Justice A, Staedt J (2008) Lichttherapie – nicht nur bei Winterdepression. Psychiatrie 1: 25–31

Wright Jr KP, Bogan RK, Wyatt JK (2013) Shift work and the assessment and management of shift work disorder (SWD). Sleep Med Rev 17: 41–54

Zulley J (2010) Mein Buch vom guten Schlaf 2. Aufl. Goldmann, München

Mitgestalten im Schichtdienst – statt einem Schlusswort

J. Schmal

J. Schmal, *Ausgeschlafen? – Gesund bleiben im Schichtdienst für Gesundheitsberufe (Top im Gesundheitsjob)*,
DOI 10.1007/978-3-662-46986-6_12

Die Arbeit im Schichtdienst steht und fällt mit den im Schichtdienst tätigen Berufsgruppen. Mitarbeiter im Schichtdienst sollten daher die Möglichkeiten zur Mitsprache und Plattformen sowohl zum Austausch als auch zur Problembehandlung haben. Pflegende im Schichtdienst können, wenn sie sich politisch engagieren, auch die Bedingungen, unter denen Pflege im Schichtdienst stattfindet, ändern. Ein gutes Team sollte Rückhalt geben und als Stütze fungieren. Wenn der eine auf den anderen Acht gibt, kann widrigen Umständen besser begegnet werden.

Es ist ihr Arbeitsplatz: Gestalten Sie Ihn mit! Sie haben als Einzelperson aber auch in Ihrer Berufsgruppe die Macht, Veränderungen auf den Weg zu bringen. Neben dem Arbeitgeber liegt es an Ihnen wie attraktiv Sie Ihren Arbeitsplatz in einigen Jahren sehen wollen.

Es ist Ihre Profession: Gestalten Sie diese mit! Als Berufsgruppe können Sie hier mit einem Schulterschluss ungünstige Rahmenbedingungen in Frage stellen und ins Wanken bringen.

12.1 Mitsprache, Austausch und Problembehandlung

Setzen Sie daher auf Mitsprache, Austausch und Problembehandlung im Team.

Sie sollten Schwachstellen definieren, gemeinsame Ziele formulieren und auf stichhaltige Argumente statt auf Floskeln zurückgreifen. So haben Sie z. B. größere Chancen ein Ziel zu realisieren, wenn Sie schwarz auf weiß vorbringen können, weshalb das Erreichen eines solchen Ziels sinnvoll ist. So haben Sie mitunter auch die Chance Einfluss auf die Dienstplangestaltung zu nehmen.

Sie können dazu u. a. auf folgende Informationsmaterialien zur Recherche zurückgreifen:

- Rechtsgrundlage,
- aktuelle Studien, die z. B. arbeitswissenschaftliche Empfehlungen geben,
- S2k-Leitlinie Nacht- und Schichtarbeit (Fertigstellung voraussichtlich im Sommer 2015),
- Fundus aus aktuellen Zeitschriftenbeiträgen des Pflegesektors z. B. Heilberufe, Die Schwester Der Pfleger, Pflege, Pflegezeitschrift, Pflege & Gesellschaft, Pflegewissenschaft etc. (▶ Literatur).
- Informationen über den Deutschen Pflegerat e.V. (DPR), Deutscher Berufsverband für Pflegeberufe (DBfK), Deutsche Gesellschaft für Pflegewissenschaft e.V. (DGP) etc. (▶ Literatur).
- Bundesanstalt für Arbeitsschutz und Arbeitsmedizin (BAUA), Initiative Neue Qualität der Arbeit (INQA), Zentralinstitut für Arbeitsmedizin und Maritime Medizin (ZfAM), Deutsche Gesellschaft für Schlafforschung und Schlafmedizin (DGSM) (▶ Literatur).

12.2 Politisches Interesse und Engagement

Es ist aber auch politisches Interesse und Engagement gefragt. Denn Pflegende im Schichtdienst sollten sowohl auf die eigene Gesundheit als auch auf das Wohl des Patienten achten. Leidet die eigene Gesundheit, kann dem Urgedanke von Pflege nicht nachgegangen werden. Darunter fällt die präventive, kurative, palliative und rehabilitative Pflege. Wird z. B. der Workload von Pflegenden erhöht, steigt nicht nur die persönliche Belastung mit den entsprechenden gesundheitlichen Folgen. Auch die Patientensicherheit ist gefährdet – so steigt die Mortalitätsrate pro zusätzlich zu betreuendem Patient um 7% (Aiken 2014). Pflegende sollten sich daher als Fürsprecher ihrer Pflegempfänger auch politisch engagieren.

12.3 Einer für alle und alle für einen

Treten Sie als Team auf. Geben Sie aufeinander Acht. Betrachten Sie so z. B. nicht nur Ihren eigenen Dienstplan auf Passgenauigkeit, sondern prüfen Sie auch ob durch Ihre Vorstellungen die Interessen der Kollegen verletzt werden z. B. erschwerte Freizeitgestaltung infolge ungünstiger Schichtfolgen.

Achten Sie darauf, dass Ihre Teammitglieder eine Pause einhalten können. Arbeiten Sie mit erschöpften und unkonzentrierten Pflegenden zusammen, leiden sowohl das Team als auch die Pflegeempfänger.

Gehen Sie weiter sicher, dass alle Kollegen den Zugang zu gesundheitsförderlichen Interventionen haben (Nabe-Nielsen 2014).

Bunkern Sie nicht Ihr Wissen. Geben Sie persönliche Aha-Erlebnisse weiter.

Ich schaffe das

Pflegerin Ute versucht immer alle Tätigkeiten während ihrer Schicht zu bewerkstelligen. Um dieses hehre Ziel in die Tat umzusetzen, geht sie häufig über ihre persönlichen Grenzen der Belastbarkeit hinaus.

Sie kennen das sicher: Sie haben den ganzen Frühdienst über gehudelt und Ihr Bestes gegeben, doch Sie waren nicht im Stande alle Tätigkeiten durchzuführen. Vielleicht schämen Sie sich oder Sie sind wütend, da Sie nicht die Pflege durchsetzen können, die Sie sich unter guter Pflege vorstellen. Gespräche und Beratungen mit dem Patienten oder die Erstellung sowie als auch die Evaluation des Pflegeplans und der Pflegemaßnahmen bleiben auf der Strecke (Ball 2012). Es wirkt sich nicht nur ungünstig auf das Team aus, wenn Arbeit liegen bleibt – auch der Pflegeempfänger leidet.

Suchen Sie die Schuld dafür nicht bei Ihrem Teammitglied, sondern erkennen Sie dies als Systemfehler an. Der Fakt, dass Sie mehr Patienten in weniger Zeit versorgen müssen, ist dafür verantwortlich – nicht Ihre Kollegin. Im nächsten Schritt können Sie aktiv werden und beginnen die Verhältnisse zu verbessern z. B. Überforderungsanzeigen, politisches Engagement oder Whistel Blowing. Denken Sie nicht Sie würden keine Macht besitzen. Vielleicht sind Sie nur ein Tropfen – doch viele Tropfen können einen reißenden Strom bilden.

12.4 Weitere Empfehlungen für den Arbeitgeber

Was ist denn nun gut am Schichtdienst

Stationsleitung Ingrid möchte wissen welche Faktoren im Schichtdienst gefährdend auf die Gesundheit wirken und welche einen positiven Einfluss haben. Neben den vielfältigen Tipps in diesem Buch stößt sie auf eine deutsche Studie an der 372 Personen teilgenommen hatten.

Das Ergebnis: Die negativen Auswirkungen der Schichtarbeit können durch Anerkennung, Lernmöglichkeiten, einen positiven Umgang mit den Pflegeempfängern und die Ermöglichung der Identifikation mit dem Arbeitgeber abgebremst werden. Dahingegen sollte häufige Unterbrechungen der Arbeit, fachliche Überforderungen, körperliche Belastungen und Arbeitsplatzunsicherheiten vermieden werden, da dies die gesundheitliche Belastung noch verschärft (Lischweski 2011).

12.5 In aller Kürze

Es ist Ihr Arbeitsplatz und Ihre Profession. Gestalten Sie diese mit anstatt nur zuzusehen.

- Setzen Sie auf Mitsprache, Austausch und Problembehandlung.
- Holen Sie sich hierzu Informationen bei den unterschiedlichen Adressen ein.
- Argumentieren Sie sachlich und literaturbasiert. Steht etwas schwarz auf weiß geschrieben, lässt sich dies über einen längeren Zeitraum nicht weg reden.

- Zeigen Sie politisches Interesse und Engagement. Die Größe der Berufsgruppe der Pflegenden ist enorm und würde im Falle eines Streiks mehr Durchschlagkraft als ein Streik von Lokführern zeigen.
- Geben Sie im Team aufeinander Acht. Machen Sie sich bewusst, dass Sie am gleichen Strang ziehen.

Literatur

Aiken LH, Sloane DM, Bruyneel L et al. (2014) Nurse staffing and education and hospital mortality in nine European countries: a retrospective observational study. The Lancet 383: 1824–1830

Ball JE, Murrells T, Rafferty AM, Morrow E, Griffiths P (2012) »Care left undone« during nursing shifts: associations with workload and perceived quality of care. BMJ Qual Saf 23: 116–125

BAUA Bundesanstalt für Arbeitsschutz und Arbeitsmedizin: www.baua.de (Letzter Zugriff: 29.01.2015)

DBfK Deutscher Berufsverband für Pflegeberufe: dbfk.de (Letzter Zugriff: 29.01.2015)

DGP Deutsche Gesellschaft für Pflegewissenschaft e.V.: dg-pflegewissenschaft.de (Letzter Zugriff: 29.01.2015)

DGSM Deutsche Gesellschaft für Schlafforschung und Schlafmedizin: http://www.charite.de/dgsm/dgsm/ (Letzter Zugriff: 29.01.2015)

DPR Deutscher Pflegerat e.V.: deutscher-pflegerat.de (Letzter Zugriff: 29.01.2015)

Heilberufe Das Pflegemagazin: heilberufe.de (Letzter Zugriff: 29.01.2015)

INQA Initiative neue Qualität der Arbeit: inqa.de (Letzter Zugriff: 29.01.2015)

Lischweski D, Zimmermann S, Heimlich J et al. (2011) Betriebliche Gesundheit. Schichtarbeit und Schlafstörungen. Somnologie 15: 5–13

Nabe-Nielsen K, Garde AH, Clausen T, Jorgensen MB (2014) Does workplace health promotion reach shift workers? Scand J Work Environ Health Online-first -article doi:10.5271/sjweh.3469

Pflege Die wissenschaftliche Zeitschrift für Pflegeberufe: verlag-hanshuber.com/index.php/pflege.html (Letzter Zugriff: 29.01.2015)

Pflege & Gesellschaft: dg-pflegewissenschaft.de/2011DGP/pflege-gesellschaft (Letzter Zugriff: 29.01.2015)

Pflegewissenschaft: pflege-wissenschaft.info (Letzter Zugriff: 29.01.2015)

Pflegezeitschrift Fachzeitschrift für stationäre und ambulante Pflege: pflegezeitschrift.de (Letzter Zugriff: 29.01.2015)

Station 24: station24.de (Letzter Zugriff: 29.01.2015)

ZfAM Zentralinstitut für Arbeitsmedizin und Maritime Medizin: http://www.uke.de/institute/arbeitsmedizin/ (Letzter Zugriff: 29.01.2015)

Serviceteil

J. Schmal, *Ausgeschlafen? – Gesund bleiben im Schichtdienst für Gesundheitsberufe (Top im Gesundheitsjob)*,
DOI 10.1007/978-3-662-46986-6

Stichwortverzeichnis

A

B

C

D

E

F

G

H

I

J

K

R

S

T